Building on the Edge of Europe

Construire à la frange de l'Europe

CONSTRUIRE À LA FRANGE DE L'EUROPE

UN PANORAMA DE L'ARCHITECTURE CONTEMPORAINE EN IRLANDE À TRAVERS LE PATRIMOINE, LE PAYSAGE ET LA VILLE

 THE ROYAL INSTITUTE OF THE ARCHITECTS OF IRELAND

A SURVEY OF CONTEMPORARY ARCHITECTURE IN IRELAND EMBRACING HISTORY, TOWN AND COUNTRY

BUILDING ON THE EDGE OF EUROPE

CONSTRUIRE À LA FRANGE DE L'EUROPE

Publié par le RIAI pour coïncider avec
l'exposition du même nom – faisant partie de
l'Imaginaire Irlandais – à La Maison de
l'Architecture, Paris, mai-juillet 1996.

© The Royal Institute of the Architects of
Ireland, 1996. Tous droits réservés.

ISBN   0946641 749

Editeur   John Graby

LA MAISON DE L'ARCHITECTURE
7 rue de Chaillot, 75116 Paris
tel (01) 40700165 / fax (01) 40700597
31 mai – 4 juillet 1996

Réalisé par Gandon Editions pour le Royal
Institute of the Architects of Ireland

Conception   John O'Regan (© Gandon, 1996)
Production   Nicola Dearey, Gandon
Traduction   Vincent Ducatez, Gráinne Hassett
              Ashling Translations
Impression   Nicholson & Bass, Belfast
Distribution   Gandon Distribution, Kinsale

GANDON EDITIONS
Oysterhaven, Kinsale, Co Cork
tel (021) 770830 / fax (021) 770755

couverture   Agnes Pataux
              The Burren, Co Clare
              Rachel Chidlow
              Meeting House Square, Dublin
frontispice   Dún Aengus, Aran Islands

THE ROYAL INSTITUTE OF THE ARCHITECTS
OF IRELAND
8 Merrion Square, Dublin 2
tel (01) 6761703 / fax (01) 6769510

OPW
Oifig na nOibreacha Poiblí
The Office of Public Works

BUILDING ON THE EDGE OF EUROPE

Published by the RIAI to coincide with the
exhibition of the same name – as part of
l'Imaginaire Irlandais – at La Maison de
l'Architecture, Paris, May-July 1996.

© The Royal Institute of the Architects of
Ireland, 1996. All rights reserved.

ISBN   0946641 749

Editor   John Graby

LA MAISON DE L'ARCHITECTURE
7 rue de Chaillot, 75116 Paris
tel (01) 40700165 / fax (01) 40700597
31 may – 4 July 1996

Produced by Gandon Editions for the Royal
Institute of the Architects of Ireland

Design   John O'Regan (© Gandon, 1996)
Production   Nicola Dearey, Gandon
Translation   Vincent Ducatez, Gráinne Hassett
              Ashling Translations
Printing   Nicholson & Bass, Belfast
Distribution   Gandon Distribution, Kinsale

GANDON EDITIONS
Oysterhaven, Kinsale, Co Cork
tel (021) 770830 / fax (021) 770755

front cover   Agnes Pataux
              The Burren, Co Clare
back cover   Rachel Chidlow
              Meeting House Square, Dublin
frontispiece   Dún Aengus, Aran Islands

THE ROYAL INSTITUTE OF THE ARCHITECTS
OF IRELAND
8 Merrion Square, Dublin 2
tel (01) 6761703 / fax (01) 6769510

Table des Matières

CONTENTS

Liste chronologique des bâtiments

CHRONOLOGICAL LISTING OF BUILDINGS

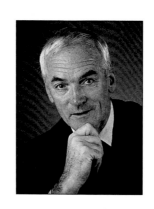

Introduction

INTRODUCTION

L'Office of Public Works est le principal conseil en architecture du gouvernement irlandais. Son histoire peut être retracée sur plus de trois siècles de plusieurs façons. Des architectes, comme Robinson et Johnson, dessinèrent de nombreux chefs-d'oeuvre historiques de l'Irlande, dont l'Hôpital Royal et la Poste Centrale. De plus, il commissionna des architectes indépendants tel Deane pour dessiner le Musée National et la Bibliothèque Nationale. De nos jours, l'Office of Public Works continue cette tradition de qualité architecturale au travers des travaux de ses propres architectes et de ses consultants privés dont nombre d'entre eux sont représentés dans cette exposition.

L'Irlande est un petit pays à la limite occidentale de l'Europe. Les projets diffèrent par leur échelle et leur budget lorsqu'ils sont comparés à des projets similaires en France. Néanmoins, ils sont ambitieux dans leurs intentions et créatifs dans leur éxécution.

Une nouvelle confiance est évidente dans la vie culturelle irlandaise. L'architecture irlandaise est prête à prendre sa place aux côtés de la littérature et de la musique. De nombreux architectes exposés ont travaillé à l'étranger avant de revenir pour marier la tradition et l'innovation.

Respect et connaissance doivent être compris comme synonymes de notre passé architectural, et soin et qualité pris comme métaphores de notre future architecture. Cependant, entre le passé et le futur se trouve le présent en constant changement, formant la seule base honnête de l'architecture. Jean Jaurès disait en 1910: 'La tradition ne veut pas dire préserver les cendres, mais garder la flamme vivante.'

HUGH COVENEY, TD
Ministre d'Etat au Ministère des Finances
en charge de l'Office of Public Works

The Office of Public Works is the principal architectural adviser to the Government of Ireland. Its history can be traced back over three centuries in various guises. Its architects, such as Robinson and Johnson, designed many of Ireland's historical masterpieces, including the Royal Hospital and the General Post Office. In addition, it commissioned consultant architects such as Deane to design the National Museum and National Library. Today the Office of Public Works continues that tradition of architectural quality through its own architects and private consultants, many of whom can be seen in this exhibition.

Ireland is a small country at the westerly edge of Europe. The projects illustrated here differ in scale and funding when compared to similar projects in France. Nevertheless, they are ambitious in their intent and creative in their execution.

A new self-confidence is evident in Irish cultural life. Irish architecture is ready to take its place beside Irish literature and music. Many of the architects illustrated have worked abroad before returning home to infuse tradition with innovation.

Respect and knowledge should be understood as synonymous with our architectural past, and care and quality taken as a metaphor for our architectural future. Yet between the past and the future lies the constantly changing present, which forms the only honest basis for architecture. As Jean Jaurès said in 1910, 'Tradition does not mean preserving ashes, but keeping the flame alight.'

HUGH COVENEY, TD
Minister of State at the Dept of Finance
with special responsibility for the Office of Public Works

Le Royal Institute of Architects of Ireland est heureux de réaliser à Paris cette exposition d'architecture contemporaine irlandaise. Un des objectifs de l'Institut est l'avancement de l'architecture, des arts et des sciences associés et une exposition telle *Construire à la frange de l'Europe* démontre la qualité de l'architecture comtemporaine en Irlande, tant en variété qu'en profondeur; elle doit encourager les futurs clients qui pouraient hésiter à s'aventurer loin du traditionnel et du sans risque à accepter les conseils de leurs architectes, à s'engager dans ce qui est le meilleur de l'architecture moderne.

Souhaitant le plus grand succès à l'exposition.

DAVID KEANE
Président du RIAI

The Royal Institute of the Architects of Ireland is pleased to bring this exhibition of contemporary Irish architecture to Paris. One of the objectives of the Institute is the advancement of architecture and the associated arts and sciences, and an exhibition such as *Building on the Edge of Europe* demonstrates the quality of contemporary architecture in Ireland, both in range and depth, and should encourage clients who might be otherwise nervous of venturing away from what is safe and traditional to accept their architects advice to engage in what is best in modern design.

I wish this exhibition every success.

DAVID KEANE
President, RIAI

L'organisation de cette exposition a pris presque deux ans et j'aimerais remercier le RIAI, le AAI, la Maison de L'Architecture, l'IFA, l'AFFA, et le commissariat de l'Imaginaire Irlandais parmi tant d'autres.

En tant qu'architecte en exil depuis les quinze dernières années et en tant que commissaire adjoint avec John Graby pour la section architecturale de l'Imaginaire Irlandais, j'aimerais exprimer ma joie de découvrir une nouvelle confiance et une nouvelle fraicheur parmi le groupe de personnes en charge de l'environnement bâti en Irlande. A mon sens, cette exposition représente une opportunité pour nous, les architectes, de comprendre notre 'imaginaire' et de lui donner un sens dans le contexte Européen.

En conjonction avec l'Imaginaire Irlandais, j'ai lancé un appel pour sauver la villa de Eileen Gray dans le Sud de la France. Je propose qu'elle soit acquise par l'état irlandais, et qu'elle soit développée dans l'esprit de la Villa Medicis à Rome, qui fut fondée par Louis XIV. Ce projet, auquel je me réfère comme 'The Growth of an Idea' ('le germe d'une idée'), fournirait à la profession d'architecte l'opportunité de sauver une des maisons les plus importantes de l'Europe du XXe siècle.

PATRICK MELLETT
Commissaire adjoint pour l'exposition

This project has taken nearly two years to organise, and I would like to thank the RIAI, the AAI, la Maison de l'Architecture, IFA, AFFA, and the commissioner of l'Imaginaire Irlandais, among many others.

As architect in exile for the past fifteen years and joint commissioner with John Graby of the architectural section of l'Imaginaire Irlandais, I wish to express my delight at my discovery of a new confidence and freshness within the group of people responsible for the built environment in Ireland. For me, this exhibition represents a moment for us, as a profession, to understand our 'imaginaire' and to make sense of it within a European context.

In conjunction with l'Imaginaire Irlandais, I have launched an appeal to save the villa of Eileen Gray in the south of France. I propose that it be acquired on behalf of the Irish State, and that it be developed upon the lines of the Villa Medici in Rome, which was founded by Louis XIV. The project, which I refer to as 'The Growth of an Idea', would provide the profession with an opportunity to save one of Europe's most important houses of the 20th century.

PATRICK MELLETT
Joint Commissioner for the Exhibition

Avant-Propos

FOREWORD

'Construire à la frange de l'Europe' ambitionne de donner un aperçu général de l'architecture et de l'urbanisme contemporains irlandais dans un context social, culturel, historique et économique. A la différence de la littérature irlandaise, et plus récemment de la musique irlandaise, l'architecture irlandaise est méconnue en Europe. L'exposition est organisée autour de trois thèmes, illustrés au moyen de vidéos spécialement conçues:

– L'Architecture du Passé: En tant qu'ex-colonie, l'histoire a une résonance particulière en Irlande. Les bâtiments montrés s'étendent depuis l'aire pré-Chrétienne jusqu'aux icônes du mouvement moderne. Les projets soulignent le problème difficile de la réutilisation et des interventions modernes dans les bâtiments d'époque ainsi que la restauration.

– L'Architecture et le Paysage: L'Irlande possède certains des derniers paysages sauvages ainsi que la plus faible densité de population de l'Europe. La relation entre l'architecture et le paysage a un intêret particulier pour les architectes irlandais. La vidéo montre les réponses des architectes aux paysages marins, aux paysages de montagne et aux paysages ruraux.

– L'Architecture et la Ville: Les villes irlandaises, grandes ou petites, ont vu d'importantes opérations de renouveau urbain au cours des dernières années. Temple Bar, un quartier historique laissé à l'abandon, situé à Dublin sur les berges de la Liffey, fut choisi pour illustrer le thème du renouveau urbain.

Les videos sont accompagnées de panneaux d'exposition montrant des éléments des villes et du paysage irlandais, des bâtiments historiques ainsi qu'une image de chacun des projets montrés dans les vidéos.

La vision de l'Irlande depuis l'Europe continentale est souvent celle d'une île verte, à l'écart et idyllique. En réalité, l'Irlande, bien que désormais le seul pays Européen sans lien physique avec le continent, rencontre les mêmes problèmes de friches urbaines, de chômage, de drogue, d'accroissement de la criminalité et d'aliénation. De même, le paysage

'Building on the Edge of Europe' is intended to give an overview of contemporary Irish architecture and urbanism in a social, cultural, historic and economic context. Unlike Irish literature and, more recently, Irish music, Irish architecture is unknown in Europe. The exhibition is organised around three themes, illustrated by specially commissioned animated still videos:

– Buildings from the Past: As an ex-colonial society, history has a particular resonance in Ireland. The buildings shown range from the pre-Christian era to iconic buildings of the early modern movement. The projects address the difficult problem of re-use and modern interventions in period buildings, as well as restoration.

– Buildings in the Landscape: Ireland has one of the last remaining wild landscapes and the lowest density population in Europe. The relationship between architecture and the landscape has been a particular concern for Irish architects. The video shows the architect's response to sea, mountain and pastoral landscapes.

– Buildings in the City: Irish cities, large and small, have seen significant urban renewal in recent years. Temple Bar, a neglected historic quarter of Dublin on the banks of the Liffey, has been chosen to illustrate the theme of urban renewal.

The videos are supplemented by wall panels showing elements of the Irish landscape, Irish cities, historical buildings and an image of each of the projects shown in the videos.

The view of Ireland from mainland Europe is often that of a green, remote, idyllic island. In reality, Ireland, although now the only European country without physical connection to the mainland, has the usual European problems of urban dereliction, unemployment, drugs, increasing crime and alienation. Similarly, the Irish landscape in not always as intact as the images and projects shown would suggest, and some important areas have been devastated by low-quality develop-

irlandais n'est pas toujours aussi intact que les images et les projets montrés le suggèrent, et des étendues importantes ont été dévastées par des aménagements sans qualité et du pavillonnaire malvenu. Les statistiques brutales montrant que seulement 10% des maisons construites dans le paysage sont conçues par un architecte, cernent l'ampleur du problème. Les restaurations soigneuses montrées dans cette exposition ne racontent pas non plus complètement l'histoire. Mark Bence-Jones (*Burke's Guide to Country Houses*) écrit: 'encourageant la croyance que presque toutes les grandes demeures irlandaises furent brûlées 'durant les Troubles', alors qu'une grande demeure en ruine est une vision par trop fréquente en Irlande ... En fait, la grande majorité de ces maisons en ruine ne furent pas brûlées, mais furent soit démantelées soit autorisées à s'écrouler.' Au cours des récentes années, il y a eu de grands changements et l'héritage architecturale de l'Irlande est vue de plus en plus comme un atout important tant par le public que par l'Etat.

Les panneaux sont enrichis de dessins de chacun des projets montrés, de maquettes et d'une projection de diapositives sur l'architecture irlandaise dans un context national et international.

Les derniers éléments montrent quelques architectes de la diaspora irlandaise, l'Irlande étant le pays d'Europe ayant le plus fort taux d'émigration depuis deux siècles.

Le catalogue contient une image et une explication de chacun des projets montrés, des essais sur chacun des trois thèmes de l'exposition ainsi qu'un essai important mettant l'architecture irlandaise en contexte.

De nombreuses personnes firent de cette exposition une réalité. Je tiens à remercier particulièrement:
- Doireann Ní Bhriain et Michel Ricard, Commissaires Adjoints à l'Imaginaire Irlandais, pour leur support et le financement de l'exposition
- Dominique du Jonchay de La Maison d'Architecture
- Hugh Coveney, Ministre d'Etat au Ministère des Finances,

ment and inappropriate housing. The stark statistic that only 10% of single houses in the landscape are designed by architects shows the extent of the problem. Neither do the careful restorations shown in this exhibition tell the entire story. Mark Bence-Jones (*Burke's Guide to Country Houses*) wrote, 'encouraging the belief that almost every Irish country house was "burnt in the Troubles", as a ruined country house is an all too frequent sight in Ireland ... In fact, the great majority of these ruined houses were not burnt, but were either dismantled or allowed to fall down.' In recent years, however, there have been important changes, and Ireland's architectural heritage is increasingly seen as an important asset both by the public and the State.

The wall panels are complemented by drawings of each of the buildings shown and a slide presentation on Irish architecture in a national and international context.

The final exhibition element shows some architects of the Irish diaspora, Ireland being the European country with the highest rate of emigration in the last two centuries.

The catalogue includes an image and information on each of the projects shown, essays on the three themes of the exhibition, and a major essay setting Irish architecture in context.

A great many people were involved in making this exhibition a reality. Particular thanks are due to:
- Doireann Ní Bhriain and Michel Ricard, Joint Commissioners for l'Imaginaire Irlandais, for their support and funding of the exhibition
- Dominique du Jonchay of the Maison d'Architecture
- Hugh Coveney, Minister of State at the Dept of Finance with special responsibility for the Office of Public Works, for the significant contribution to the cost of producing the catalogue
- The architects, architectural practices, the Office of Public Works, the Irish Architectural Archive, *The Irish Times*, Frank McDonald, Bord Fáilte, Temple Bar Properties and

en charge du Office of Public Works, pour sa contribution importante aux coûts de production du catalogue

- Les architectes, les agences d'architecture, l'Office of Public Works, les Archives Architecturales Irlandaises, *The Irish Times*, Frank McDonald, Bord Fáilte, Temple Bar Properties et Alan O'Connor qui fournirent les photographies et les explications de l'exposition
- Agnes Pataux qui réalisa la photographie du mur de la famine pour la couverture du catalogue anisi que d'autres photographies pour l'exposition
- Michael O'Doherty, architecte, Office of Public Works
- Les membres du comité commun au RIAI et au AAI
- Orlagh O'Hehir, Jakki Olin et Kathryn Meghan, personnels du RIAI
- Niall McCullough, TJ Mitchell, Loughlin Kealy et Seán O'Laoire pour leur contribution aux essais du catalogue
- John O'Regan et Nicola Dearey de Gandon Editions
- Vincent Ducatez et Gráinne Hassett pour les traductions des textes de l'exposition et du catalogue
- Principle Concepts pour la conception graphique des panneaux
- Monkeyhouse Productions pour la production et la coordination des vidéos
- Patrick Mellett, membre du RIAI ayant son agence à Paris, qui fut Commissaire Adjoint pour l'exposition

JOHN GRABY
Secrétaire Général du RIAI
Commissaire adjoint pour l'exposition

Alan O'Connor who provided photographs and information for the exhibition
- Agnes Pataux who provided the Famine wall photograph for the catalogue cover and other exhibition photographs
- Michael O'Doherty, architect, Office of Public Works
- Members of the joint RIAI/AAI committee
- Orlagh O'Hehir, Jakki Olin and Kathryn Meghan of the RIAI staff
- Niall McCullough, TJ Mitchell, Loughlin Kealy and Seán O'Laoire who contributed essays to the catalogue
- John O'Regan and Nicola Dearey of Gandon Editions
- Vincent Ducatez and Gráinne Hassett, who provided translations of the text in the exhibition and catalogue
- Principle Concepts who are responsible for the wall panel graphics
- Monkeyhouse Productions who are responsible for video production and co-ordination
- Patrick Mellett, an RIAI member in architectural practice in Paris, who acted as Joint Commissioner for the exhibition

JOHN GRABY
General Secretary of the RIAI
Joint Commissioner for the Exhibition

Créer dans l'ancien

BUILDINGS FROM THE PAST

Loughlin Kealy

Le passé avec son destin et ses transformations s'assemble dans l'instant d'un présent esthetiquement perceptible .

— Simmel

En commun avec d'autres pays, nous avons tendance à voir les bâtiments anciens aux travers de lentilles teintées de romantisme. Durant des années, une sorte de schizophrénie a grippé la perception de l'architecture en Irlande. Les grands monuments d'avant la Réforme et les premières églises et monastères Chrétiens furent préservés en tant que ruines par l'Etat – respéctées pour leur antiquité parce qu'elles dataient de la période pré-coloniale – alors que les bâtiments du dix-huitième et dix-neuvième siècles recevaient peu de protection et encore moins de respect, étant perçus comme des vestiges du pouvoir colonisateur et comme des obstacles au progrès. L'attitude du public pour les monuments d'avant la colonisation était reflétée par les interventions minimales de l'Etat. Le lierre pouvait être coupé, les murs recouronnés, un éventuel madrier inséré, mais la ruine devait rester une ruine, avec sa place inchangée dans le paysage physique et mental.

Les bâtiments d'époques plus récentes étaient en dehors du cadre de la législation sur les monuments, et n'étaient donc pas perçus comme étant de la responsabilité direct de l'Etat. Aucun fond public n'était disponible pour assurer leur entretien ou leur réparation. Dans le context des opérations urbaines restructurantes, leur destruction pouvait être justifiée par le fait que les bâtiments exclus de la mémoire et de l'imagination du public, étaient devenus inutiles et dangereux, et qu'ils allaient faire place à l'architecture de ce siècle.

Dans les premières années de l'Etat Libre d'Irlande, l'adoption de la modernité était symbolique de l'évasion dans le sentiment national. Elle était accompagnée d'une vision mature qui permit au nouvel état de restaurer les grands

The past with its destinies and transformations has been gathered into this instant of an aesthetically perceptible present.

— Simmel

In common with other countries, we tend to look at old buildings through lenses tinted by romanticism. For years, a kind of schizophrenia gripped the perception of architecture in Ireland. The great pre-Reformation monuments and the early Christian churches and monasteries were maintained in their ruinous condition by the State, respected in their antiquity in that they were part of the pre-plantation past, while buildings of the 18th and 19th centuries were accorded little protection and less respect, being seen as the remnants of a colonising power and as obstacles to progress. The public attitude to the pre-plantation monuments was reflected in the low-key intervention of the State. Ivy might be cut, walls capped and an occasional buttress inserted, but the ruin was to remain a ruin, with its place in the physical and mental landscape largely intact.

The later buildings were outside the scope of the monuments legislation, and therefore were not seen as the direct responsibility of the State. Public funds were not available to support their maintenance or repair. In the context of urban renewal, their destruction could be justified on the grounds that the buildings were redundant and unsound, and that their removal made way for the architecture of this century, as though they were also outside the scope of public memory and imagination.

In the early years of the Irish Free State, the espousal of the modern was symbolic of the escape into nationhood. It was accompanied by a maturity of vision, which enabled the new state to restore the great 18th-century monuments of the capital which had been destroyed or damaged in the fires of revolution and civil war. By mid-century, the impetus was gone. Stagnant socially and economically, society took refuge

monuments du dix-huitième siècle de la capitale, détruits ou endommagés par les incendies de la Révolution et la Guerre Civile. Au milieu du siècle, l'élan était fini. Stagnante socialement et économiquement, la société trouva refuge dans un nationalisme romantique qui distordit la réalité culturelle, laissant les bâtiments historiques en marge et au seul souci de ceux qui furent surnommés 'les laquais chevelus des comtes gras'. La création architecturale était devenue associée à la spéculation immobilière impliquant la destruction de l'ancien, souvent remplacée par une parodie du moderne.

Les changements sont rarement brutaux et il est difficile d'identifier des projets qui altèrent les perceptions de façon exemplaire. Holy Cross Abbey, une reconstruction du quinzième siècle d'un établissement religieux de la fin du douzième siècle, reçue une nouvelle toiture, fut 'restaurée' et réutilisée comme église durant les années 70. Elle avait survécu pendant trois siècles en tant que ruine, avec de nombreuses caractéristiques intactes. Une décennie auparavant, Ballintubber avait été restaurée, et dix ans plus tard, ce fut le tour du plus important bâtiment officiel du dix-septième siècle en Irlande – l'Hôpital Royal à Kilmainham. Le bâtiment était inutilisé depuis des années, sujet d'un débat feutré sur ce qu'il devait devenir.

Ces deux restaurations furent largement, si ce n'est universellement accueillies. Des décisions prises au sujet des caractéristiques spécifiques de Holy Cross furent contestées par des historiens de l'architecture, alors que dans le cas de l'hôpital, la démolition lourde d'ajouts réalisés postérieurement ainsi que les interventions structurelles radicales attirèrent un intérêt critique. Il est également vrai de dire que ces projets offraient une sorte de réalisation expurgée comme modèle pour redonner aux bâtiments historiques un usage contemporain. Mais par delà la question de l'exactitude d'approche ou des détails, la restauration de ces bâtiments permit d'établir l'héritage architectural comme ressource pour le présent – un changement qui a continué et s'est approfondi depuis.

Une Nouveau Dynamisme

Il y a aujourd'hui un nouveau dynamisme visible dans la réanimation des bâtiments anciens, un dynamisme inspiré autant par un changement d'attitude au regard du passé que par un pragmatisme au regard des besoins du présent. Pour quasiment l'ensemble d'une génération, l'historicisme fut placé au centre du discours culturel. Le passé n'est plus représenté par un discours singulier, sanctifié par l'état ou par une vision tribale, glorifiant les demandes d'un status quo et l'accepta-

in a romantic nationalism which distorted cultural reality, leaving historic buildings to the fringes and to the concern of those it dubbed 'long-haired lackeys of belted earls'. The exercise of architectural creativity came to be associated with speculative development involving the destruction of the old, often to be replaced by a parody of the modern.

Change is rarely dramatic, nor is it easy to identify projects which exemplify altered perceptions. Holy Cross Abbey, a 15th-century reconstruction of a late 12th-century foundation, was re-roofed, 'restored' and returned to use as a church in the 1970s. It had survived for three hundred years as a ruin, with many features intact. Ten years earlier, Ballintubber had been restored, and ten years later, it was the turn of Ireland's most important 17th-century secular building – the Royal Hospital at Kilmainham. The building had been unused for years, the subject of subdued debate as to what should become of it.

These restorations were widely if not universally welcomed. Decisions were taken with regard to specific features in Holy Cross which have been challenged by architectural historians, while in the case of the hospital, the surgical removal of accretions of the intervening centuries and the radical structural interventions have attracted critical attention. It is also true to say that the restorations offered a sort of sanitised completeness as the model for historic buildings returned to contemporary use. But beyond the question of correctness of approach or detail, the restoration of these buildings helped to establish the architectural heritage as a resource for the present – a change which has continued and deepened with the passage of time.

A New Dynamic

Today there is a new dynamic visible in the re-animation of old buildings, a dynamic inspired as much by a changed attitude towards the past as by pragmatism about the needs of the present. For almost a generation, historicism has been displaced as the centre-point of cultural discourse. The past is no longer represented by the singular narrative, sanctified by authority or tribal vision, enshrining the demands of the status quo and the acceptance of inherited cult objects and values. Instead it is a point of departure, a basis from which to articulate propositions about the present, and a resource through which the present can be better understood.

In that time, there have been both positive and negative effects on the reuse of old and historic buildings. At worst, old buildings have had to endure accelerated abuse arising from technical ignorance, lack of skill and the imposi-

tion d'un héritage fait d'objects-culte et de valeurs. Au contraire, c'est un point de départ, une base pour articuler des propositions concernant le présent, et une ressource au travers de laquelle le présent peut être mieux compris.

A cette époque, il y eut des aspects à la fois positifs et négatifs dans la réutilisation de bâtiments anciens ou historiques. Dans le pire des cas, les bâtiments anciens endurèrent un détérioration accélérée, résultant d'une ignorance technique, d'un manque de compétence ou due à l'imposition de demandes inappropriées. En soit, le refus d'être intimidé par l'histoire n'est pas une base suffisamment bonne pour une intervention architecturale sur des bâtiments existants. Cependant l'adaptation des bâtiments historiques à un nouvel usage fut aussi le point de départ d'une bonne partie de l'architecture irlandaise contemporaine. Des projects comme l'insertion d'un atrium comme élément de la restauration du Réfectoire de Trinity College Dublin – suite à un incendie – et la création du Centre du Film Irlandais dans l'ensemble des Quakers à Eustace Street, montrent un changement de perception du rôle des bâtiments historiques. Il n'y a rien de romantique dans ces projets. Ils sont la rencontre de la technologie du présent et d'une compréhension fine du context. Tout comme des projets plus récents, comme l'Arche, Centre pour Enfants, ils sont fait d'esprit et d'inventions architecturales. Sans référence explicite, ils évoquent une caracteristique de l'architecture irlandaise traditionnelle – dans laquelle l'acte d'élaborer se fait par vertue de sa clareté et de sa retenue.

Néanmoins il y a encore du chemin à parcourir: un rafinement accru et plus de subtilité sont nécessaires pour le maintien des enveloppes bâties. Dans nos sociétés actuelles, les bâtiments historiques ancrent l'expérience du présent dans le passé, 'enracinant une identité ébranlée', cependant la réutilisation sensible et talentueuse des bâtiments anciens occupe toujours une position marginale dans le discours architectural. Maintenir une dichotomie entre l'exercice de la créativité dans un sens et le respect du passé de l'autre est un legs d'un modernisme indigeste qui voit la destruction créative essentielle à la production artistique. Dans *La Condition de la Postmodernité*,* David Harvey lie l'émergence du modernisme à l'idée 'd'avant-garde', dont le rôle était d'explorer les frontières de l'art et également, par la même occasion, celles de la perception. C'est dans ce sens que des interventions transformantes de taille réduite dans des bâtiments existants, dont le contexte reste intact, ont apporté une expression à une culture irlandaise en changement. La schizophrénie se trouve remplacée par des conflits et des débats, un commencement.

tion of inappropriate demands. By itself, the refusal to be cowed by history is not a good enough basis for architectural intervention in historic buildings. But the adaptation of historic buildings for new uses has also been at the leading edge of much of contemporary Irish architecture. Projects such as the insertion of the atrium as part of the restoration – following a fire – of the Dining Hall at Trinity College Dublin, and the creation of the Irish Film Centre within the Quaker complex in Eustace Street, point to a changed perception of the role of historic buildings. There is nothing romantic about these projects. They meet new needs with the technology of the present and an acute awareness of the context. Alongside more recent work, such as the Ark children's centre, they do so with wit and architectural invention. Without explicit reference, they evoke a characteristic of traditional Irish architecture – that in which the gesture of elaboration achieves effect by virtue of its clarity and restraint.

There is some distance to go; greater refinement and subtlety in retaining existing fabric is required. In today's societies, historic buildings anchor the experience of the present to the past, thus 'grounding a shaken identity', yet sensitive and skillful reuse of old buildings still occupies a marginal position in architectural discourse. Maintaining a dichotomy between architectural creativity on the one hand, and respecting the past on the other, is a legacy of undigested modernism which still sees creative destruction as essential to the production of art. David Harvey, in his seminal work *The Condition of Postmodernity*,* links the emergence of modernism to the idea of the *avant-garde*, whose role was to explore the boundaries of art, and, in the process, the boundaries of perception also. It is in this sense that the small-scale transforming intervention into existing buildings, which retains its context intact, is providing an expression of an Irish culture in the process of change. Schizophrenia is being replaced by conflict and discourse, a beginning.

* Harvey, David, 'Compression Espace-Temps et l'avènement du modernisme comme force culturelle' (paragraphe III, chapitre 16), *La Condition de la Postmodernité: une Enquête aux Origines d'un Changement Culturel* (Oxford, 1989)

* Harvey, David, 'Time-space compression and the rise of modernism as a cultural force' (part III, chapter 16), *The Condition of Postmodernity: An Enquiry into the Origins of Cultural Change* (Oxford, 1989)

Construire avec le paysage

BUILDING AND THE LANDSCAPE

TG Mitchell

La structure et la forme du paysage irlandais sont basées sur un phénomène unique – l'intéraction de l'eau et de la géologie sous-jacente. La façon dont les précipitations passent sur et à travers le sol, associée à la nature du paysage lui-même, détermine la forme visuelle de notre environnement. Cette interaction crée un 'sandwich' complexe de couches interagissantes, depuis la couche supérieure de terre, à travers la couche rocheuse en décomposition, jusqu'au materiau géologique originel, qui à son tour détermine la nature du biotope – la flore et la faune qui habitent l'espace au dessus.

De ce fait, la diversité du paysage irlandais s'explique facilement, depuis la côte Ouest, karstique et dénudée, dissimulant un complexe réseau hydrologique souterrain, jusqu'aux plaines centrales saturées, créant des habitats semblables à des éponges géantes où les mares reflètent les ciels bas.

Le dynamisme de la lumière est le dernier élément de la perception du paysage irlandais. Les effets lumineux en constant changement, parfois géants projecteurs de théâtre traversant le sol, d'autrefois subtils et faits de chatoiements diffus, créent un paysage illusoire et mystique quelque peu distancé de la réalité. C'est cette qualité qui fascine et inspire depuis des temps immémoriaux et qui créa une litterature et une musique infuses d'images d'un paysage irlandais plus imaginé que réel.

En fait, le paysage moderne irlandais est un contrepoint aux paysages de la plupart de l'Europe profondément marqués par l'homme, en ce qu'il montre toujours l'environnement original de la préhistoire, sauvage et inculte, où l'intercation directe entre le climat et l'environnement était violente, non-altérée par l'influence de l'homme. Les premières marques de l'homme sur l'environnement, créant les paysages archéologiques de la préhistoire, était nécessairement en accord et en respect avec la nature, trahissant une peur et une connaissance des éléments à qui ils devaient leur

The structure and form of the Irish landscape is based on a single process – the interaction between water and the underlying geology. The way precipitation moves through and over the ground, together with the nature of the landscape itself, determines the visual form of our environment. This interaction creates a complex 'sandwich' of interacting layers, from topsoil, through decomposing bedrock, down to the parent geologic material itself, which, in turn, determines the nature of the overlying biota – the flora and fauna that inhabit the space above.

Thus, the diversity in the Irish landscape is easily explained, from the barren karstic landscape of the west coast, concealing a complex network of underground drainage-ways, to the saturated landscapes of the central plains, creating giant sponge-like habitats where still bog-pools reflect the lowering skies.

The final component in the perception of the Irish landscape is the dynamic of light. The ever-changing patterns of light, sometimes like giant theatrical spotlights traversing the ground, sometimes more subtle and diffuse shimmerings, create an illusory and mystic landscape slightly removed from reality. It is this quality that has fascinated and inspired since time immemorial, and has created a literature and music which is suffused with images of an Irish landscape more imagined than real.

The modern Irish landscape effectively counterpoints the heavily man-modified landscapes of much of Europe, insofar as it still exhibits vestiges of the original wild and savage landscape of prehistory, where the direct interaction between climate and landscape was violent, unmodulated by the influence of man. The first marks of man on this landscape, creating the archaeological landscapes of prehistory, were necessarily sympathetic and responsive to the environment, betraying a fear and knowledge of the elements that informed their precarious existence. Thus, the use of materials to hand, together with an intimate knowledge of microcli-

existence précaire. De ce fait, l'utilisation de matériaux à portée de main, associée à une connaissance intime du micro-climat, dictaient la forme et la localisation des premières structures dans le paysage.

Par la suite, l'arrivé du Christianisme, avec le concept judéo-chrétien de Dieu qui donne à l'homme la domination sur terre, produisit des formes d'établissement humain plus étendues et imposantes, où l'homme marqua le paysage et où la nature était tenue à l'écart. Les tours rondes, défiant la gravité, et les maisons-tours sont toujours des témoins existants de cette philosophie. Alors que la manipulation de l'environnement par l'homme devenait de plus en plus sure et vaste, l'impact de ses bâtiments sur le paysage s'accrut de façon de plus en plus grande, culminant dans l'urbanisation bourgeonnante des dix-huitième, dix-neuvième et vingtième siècles. A travers cette période, de façon intéressante, l'architecture vernaculaire demeura une réponse au double impératif du climat et de l'environnement par la nécessité d'utiliser les ressources naturelles afin d'achever des abris efficaces et économiques.

L'architecture moderne en Irlande fut, pour la plupart, crée dans des environnements urbains ou suburbains alors que le pays s'urbanisait rapidement et que l'exode rural s'accroissait de façon exponentielle d'année en année.

De ce fait, la création récente de bâtiments importants dans le paysage irlandais est relativement limitée. De plus, la technologie moderne a permis à l'homme de contrôler le climat à l'intérieur de ses bâtiments de façon sophistiquée et pour un coût raisonnable. La technologie a supprimé le besoin de répondre aux impératifs du climat et de l'environnement en terme d'enveloppe bâtie et d'implantation. Tout celà va changer, bien sûr, avec la diminution des ressources d'energie et les changements cataclysmiques imminents, tel le réchauffement global. La conception architecturale commence désormais à pendre en compte ces changements annoncés, bien que de façon extrèmement sélective – l'atrium vitré comme élément de la panoplie du solaire passif ce trouve être également hautement séducteur comme élément architectural. Il faut espérer que cette realpolitik de la diminution des ressources encouragera de nouveau les architectes à tirer de l'expérience de leurs ancêtres bâtisseurs des leçons sur les relations entre le positionnement et la forme des bâtiments dans le paysage irlandais, et de réussir une symbiose entre formes bâties et formes naturelles, appropriée au genius loci de cet endroit appelé Irlande.

mate, framed the form and positioning of these early structures in the landscape.

Subsequently, the arrival of Christianity, with the Judeao/Christian tenet of God giving man dominion over the earth, produced more assertive and obtrusive forms of settlement, where man made his mark on the landscape and savage nature was kept at bay. The gravity-defying round tower and tower house structures are still extant evidence of this philosophy. As man's manipulation of the landscape became increasingly confident and more extensive, the impact of his buildings on the landscape grew even more assertive, culminating in the burgeoning urbanisation of the 18th, 19th and 20th centuries. Through this period, interestingly enough, vernacular architecture remained responsive to the twin imperatives of climate and landscape through the necessity of utilising the natural landscape to achieve effective and economic shelter.

Modern architecture in Ireland has, for the most part, been created in urban and suburban environments as the country urbanises rapidly and the flight from the land increases exponentially each year. Therefore, the creation of significant buildings in the Irish landscape is relatively limited. Furthermore, modern technology has allowed man to climate-control his buildings to a sophisticated level for reasonable cost. Technology has removed the need to be responsive to climate and site environment, in terms of building enclosure and site planning. All will change, of course, with rapidly diminishing fuel resources and other impending cataclysmic change, such as global warming. Architectural design is now beginning to respond to these impending changes, albeit in a highly selective way – the glass atrium as an element of passive solar energy response happens also to be a highly seductive designed element. It is to be hoped that the *realpolitik* of diminishing resources will encourage architects to once again gain the awareness of their ancestor builders in relation to the placement and form of buildings in the Irish landscape, and to achieve a symbiotic relationship between built form and natural form, appropriate to the *genius loci* of this place called Ireland.

Fabriquer la ville

BUILDING AND THE CITY

Niall McCullough

C'est un cliché d'observer que l'Irlande est une société en mutation rapide: les Irlandais adulent depuis longtemps ce concept comme un talisman du progrès. Cependant, il faut avouer qu'il y a quelques vérités déjà bien répétées sur la vie urbaine locale. Des caractéristiques existent, mais elles changent et sont partiellement subliminales – fait inhabituel pour une société qui s'observe tant. Les liens formels entre une culture urbaine et une identité locale sont traditionnellement vagues, ceci est dû partiellement aux aspects historiques liant la vie urbaine et la colonisation (une expérience – jamais étudiée – commune à quasiment chaque pays de l'Europe de l'Est), mais également au renouveau de l'âme nationale, lors du dix-neuvième siècle, qui éléva consciemment les valeurs rurales sur les valeurs urbaines – une manipulation qui s'est seulement achevée lors de la dernière génération. Ayant une identité essentiellement communautaire, les Irlandais vivaient en ville et s'identifiaient avec elle uniquement en tant qu'individus et non pas comme maîtres de leur propre histoire, reconnaissant rarement la forme des villes, ou leur style de vie particulier, comme une expression de leur propre relation à la société. Il n'y a pas de ville irlandaise à la Calvino, faite de voûtes humides, de pierre, d'arcades et d'aqueducs – un lieu représentant le climat et la culture comme Edinburgh est à l'Ecosse. Pourtant, des formes urbaines puissantes existent dans une profusion de formes classiques du dix-septième et dix-huitième siècle, un réseau de grands dommaines découpés de façon régulière en carrés, polygones et diamants (triangles), atteignant son apogée à Dublin. Là, les rues Géorgiennes aux belles proportions et les squares offraient une parfaite représentation de l'aristocratie oligarchique du dix-huitième siècle, organisation contrebalancée par la suite par les Wide Streets Commissioners qui réaliseront une série d'interventions urbaines d'importance Européenne (nouvelles rues et places percées dans le tissus ancien).

L'expérience urbaine du début du vingtième siécle,

It is a cliché to observe that Ireland is a rapidly changing society; the Irish have long been in love with the concept as a talisman of progress. However, it is true that there are few well-rehearsed truths about an urban way of life here. Patterns exist, but they are changing and partly subliminal – unusual in so self-observing a society. Formal links between urban culture and local identity are traditionally vague, partly fuelled by aspects of history linking town life and colonisation (an experience – never explored – common with almost every country of eastern Europe), and the conscious elevation of rural values over urban ones in the 19th-century renewal of the national soul – a manipulation which has only come to rest in the last generation. Essentially strong at the level of community, the Irish lived in towns and identified with them, but, as a people not the owners of their own history, seldom recognised the *form* of cities, or their particular way of life, as an expression of their own relationship with society. There is no Calvino-like Irish city of damp vaults, stone, arcades and aqueducts – a place to represent climate and culture as Edinburgh does for Scotland. Urban form is, however, strongly represented in an outpouring of Classical town-planning in the 17th and 18th centuries, a network of regularly laid out landlord towns of squares, polygons and diamonds (triangles) which reach their apogee in Dublin. Here, well proportioned Georgian streets and squares offered a perfect representation of 18th-century autocratic oligarchy, their plans offset by a series of urban interventions (new streets and squares driven through an older urban fabric) made by the Wide Streets Commissioners, which are of European importance.

Early 20th-century urban experience has been, especially in Dublin, a parody of claustrophobic stagnation, now seen mainly through the eye of the literature it generated – the decaying decency of bourgeois ambition caught by Joyce's *Ulysses* and a grinding poverty in Georgian tenements celebrated by O'Casey and Behan. The physical decay created by this life amidst faded splendour is not a common

spéciallement à Dublin, fut une parodie de stagnation claustrophobique que l'on peut désormais apprécier surtout dans la vision littéraire qu'elle généra: décence décadente de l'ambition bourgeoise décrite par Joyce dans Ulysse, pauvreté grinçante des taudis Géorgiens célébrée par O'Casey et Behan. Cette vie faite de décomposition physique parmi les splendeurs passées n'est pas une expérience commune à l'Europe Occidentale. Son legs fut un lieu ruiné, abandonné, aux terrains vagues où l'esprit de la ville – odeur, lumière, texture, conversation et habitude – subsistait à peine, mais dont les bâtiments détruits et les percées inattendues promettaient des possibilitées architecturales jamais vues. Désormais il y a une nouvelle vitalité sans direction – un conflit décrit dans cette image récurrente du cinéma irlandais: un jeune enfant montant à cru un cheval dans un grand ensemble décrépi – chaos et confrontation des valeurs urbaines et rurales. Paradoxalement, cette confiance renouvelée a généré un débat sur la forme de la ville, au moment oú elle se rebatie hativement sans beauté et sans vision. Alors que le tourisme augmente, l'image de la ville est réinventée parallelement au rythme plus profond de sa propre regénérécence, créant une nouvelle identité oú l'un et l'autre sont difficiles à séparer. Quelques opérations, comme Temple Bar, sont des exemples convaincants – un quartier du centre ancien choisi comme catalysateur de la regénération du centre ville plus large, où des équipements culturels de taille réduite furent introduits pour créer une série de liens urbains. Bien que cette expérience crée un centre d'intêret, et est radical au sens irlandais (unique pour son utilisation de la culture comme générateur du développement urbain), elle n'est pas une panacée aux générations de politiques urbaines ultra-centralisées et mal réflechies qui ont brutalisé et laissé de côté le centre ville. Les prochaines années démontreront si les progrès de la dernière decennie peuvent être capitalisés en une vision flexible et indépendante.

western European experience. Its legacy was a ruined place of dereliction and empty sites where the spirit of the city – smell, light, texture, conversation and habit – just lingered on, but which, in its missing buildings and unexpected vistas, promised untold architectural possibilities. Now there is a new vitality without direction – a conflict caught in a recurring image in Irish cinema: small children riding bareback in decrepit housing estates – chaos and confrontation of urban and rural values. Paradoxically, this renewed confidence has generated a debate about the form of the city, just as it is being hastily rebuilt without beauty or significant order. As tourism waxes, the image of the city is being reinvented in parallel with the deeper rhythms of its own revival, forming a new entity where both are hard to separate. Some development, like Temple Bar, has been convincing – an inner-city zone chosen as a catalyst for the regeneration of the wider city around it, where small-scale cultural buildings were introduced to create a series of urban linkages. While this experiment provided a focus, and is radical in Irish terms (uniquely radical for its use of culture as a generating face for urban development), it is no panacea for generations of over-centralised, poorly considered urban planning decisions that have left a deprived and brutalised hinterland. The next few years will see if the progress of the last decade can be capitalised on to provide a flexible and independent vision.

DOLMEN

Ce sont les exemples les plus anciens d'architecture irlandaise encore visibles aujourd'hui. Datant de la période Néolithique (-3700 à -2000 avant JC), ces grandes tombes furent construites avec de larges pierres et varient considérablement de taille et de forme. Le Dolmen est une forme simple de tombe, avec au moins trois pierres levées, supportant une ou deux pierres de couverture. Ces pierres mesurent jusqu'à six mètres de longueur. Ceci le Poulnabrone Dolmen, dans le Burren, comté de Clare.

These are the earliest examples of Irish architecture visible today. Dating from the Neolithic period (3700-2000 BC), these great tombs are built of large stones and vary considerably in size and shape. The dolmen is a simple form of tomb, with three of more standing stones covered by one of two capstones. The capstones can be up to six metres long. Illustrated here is the Poulnabrone Dolmen, in the Burren, Co Clare.

UN PANORAMA DE L'ARCHITECTURE IRLANDAISE

A SURVEY OF IRISH ARCHITECTURE

Dun Aengus
Inismor, Aran Islands

Le plus impressionant monument de l'Age de Fer (-500 avant JC), Dún Aengus est un énorme fort de pierre perché sur le bord d'une falaise de 70m tombant à pic dans la mer. Il est composé de trois lignes de défense, formant en gros des demi-cercles concentriques. Devant ceux-ci se dressent des milliers de pierres formant une protection supplémentaire.

The most impressive monument of the Iron Age (after 500 BC), Dún Aengus is a huge stone fort perched on the edge of a cliff which drops about 70m sheer to the sea below. It has three rows of defences, forming roughly concentric semi-circles. Beyond these stand thousands of stones as a further protection.

Ring Fort

Les forts circulaires de terre, datant généralement de -1200 à -500 avant JC, sont relativement communs en Irlande. Bien qu'ils pouvaient également être défendus, la plupart des forts circulaires n'était pas des fortifications militaires, mais des maisons abritées par un mur destiné à contenir le bétail. Les forts de pierre sont plus communs dans l'ouest de l'Irlande où les pierres sont abondantes. Ceci les forts circulaires à Hill of Tara, comté de Meath.

Earthen ringforts, generally dating from between 500 and 1200 AD, are relatively common in Ireland. Most ringforts were not military fortifications, but homes sheltered by a wall to contain cattle and sheep, although they could be defended. Usually there would have been stone or wooden houses inside the ringforts. Stone forts are more common in the west of Ireland where stone was more plentiful. Illustrated here is the Hill of Tara in Co Meath.

27

GALLARUS ORATORY,
DINGLE PENINSULA, CO KERRY

L'oratoire de Gallarus est présumé appartenir au premier millénaire après JC, mais dater les premières églises chrétiennes en pierre est extrêmement difficile. Dérivant du *clochán* circulaire du type bâti par les moines sur Sceillig Mhíchíl, cet exquis petit bâtiment fut utilisé comme lieu de culte. Bien que la plupart des églises de pierre avaient une charpente en bois, l'oratoire de Gallarus est une construction entièrement en pierre sèche, utilisant la technique de l'encorbellement où les pierres sont posées en rangées de plus en plus serrées jusqu'à une simple ligne de faîtage. Cette expérimentation de la construction de pierre est en quelque sorte un lien entre les mondes préhistorique et Chrétien.

Gallarus Oratory is presumed to belong to the first millennium AD, but dating early Christian stone churches is extremely difficult. Derived from the circular *clochán* of the type built by the monks on Sceillig Mhíchíl, this exquisite little building was used as a place of worship. Although most stone churches were roofed with timber, Gallarus Oratory is entirely of drystone construction, built using the principle of corbelling, where stone is laid in ever-decreasing layers, up to a single line along the ridge. This experiment in stone construction is a link of sorts between the prehistoric and Christian worlds.

ROUND TOWER

On retrouve la tour ronde dans de nombreuses parties de l'Irlande. Ces tours, bâties entre le dixième et le douzième siècle, sont de grandes structures élancées de pierre, s'affinant en hauteur et coiffées d'un toit conique. Elles font souvent plus de 30m de haut. Les tours rondes se trouvent dans les lieux monastiques, et il semble que leur première fonction fut de servir de clocher. Cependant le niveau surèlevé de leur porte d'entrée indique qu'elles aient pu avoir un rôle défensif.

The round tower is found in many parts of Ireland. These towers, built from the 10th to 12th centuries, are tall, slender stone structures, tapering inwards at the top, with a conical roof. They are often more than 30m high. Round towers are found on monastic sites, and their primary purpose seems to have been to serve as bell towers. However, the raised level of the doorway indicates that they may also have had defensive uses.

TOWER HOUSE

Les maisons-tours furent bâties en Irlande au cours de XVe et XVIe siècle comme lieu d'habitation et de défense. Bien qu'elles ne peuvent pas être décrites comme des chateaux, elles formaient des bâtisses verticales très hautes en pierre, faites de murs épais, de petites fenêtres et de moyens de fortification. Elles devaient être vues de loin et avoir l'air imprenables. La disposition intérieure de la maison-tour reflète l'organisation sociale de l'époque. Les étages bas, sombres avec leurs petites fenêtres, abritaient les servants; les étages spérieurs, hors de danger, avaient des grandes fenêtres et étaient utilisés par la famille. Situé juste sous la toiture en bois, un grand espace était utilisé pour les célébrations et les spectacles. Les maisons-tours demeurent encore de nos jours des points de repère familiers et distincts du paysage irlandais. Ceci la maison-tour à Fiddaun, comté de Galway.

Tower houses were built in Ireland during the 15th and 16th centuries as places of residence and defence. Although they cannot be described as castles, they were very tall, vertical, stone houses, with thick walls, tiny windows and battlements. The intention was that they would be seen from a distance and have an air of impregnability. The use of the interior of the tower house reflected the social order of society. The lower floors, dark with tiny windows, housed the servants; the upper floors, out of the reach of danger, had larger windows and were used by the family. Just under the timber roof, an large, airy space was used for celebrations and entertainment. Tower houses remain as common and distinctive landmarks throughout Ireland today. The tower house illustrated here is in Fiddaun, Co Galway.

BALLINTUBBER ABBEY, CO MAYO

En 1216, sur le site d'un ancien monastère, Cathal Crovdearg O'Connor, Roi du Connacht, fonda une abbaye pour les Augustins. L'église est en forme de croix avec trois belles fenêtres à l'est et un choeur possédant une voute nervurée. Le monastère fut dissout en 1542 et, en 1653, les soldats de Cromwell détruirent la plupart des quartiers domestiques. L'église en ruine continua à être utilisée pour la messe aux temps des lois Pénales. En 1966, Percy le Clerc acheva la restauration de l'abbaye pour laquelle il reçut la Médaille de la Conservation 1946-76 du RIAI.

The abbey was founded in 1216 by Cathal Crovdearg O'Connor, King of Connacht, for the Augustinians, on the site of an older monastery. The church is cruciform with three fine east windows and a chancel with ribbed vaulting. The monastery was dissolved in 1542, and in 1653 Cromwellian soldiers destroyed much of the domestic quarters. The ruined church continued to be used for Mass during Penal times. In 1966 Percy le Clerc completed the restoration of the abbey, for which he was awarded the RIAI Conservation Medal 1946-76.

Restauré par l'OPW (en association avec Costello Murray Beaumont Architects), 1985 [voir également IMMA, p70]

Ce fut le premier bâtiment classique important réalisé en Irlande par un architecte dont le nom nous est resté. Construit sur le modèle des Invalides par James Butler, Grand Duc d'Ormonde, pour accueillir les anciens soldats, le bâtiment possède un plan orthogonal organisé autour d'une cour aux arcades de pierre calcaire. Les murs de plâtre brut sont relevés par de la pierre calcaire sous forme de moulure autour des portes, de lits de pierre et d'entablements, alors que les fenêtres sont entourées de stuc.

DUBLIN CASTLE

Le chateau, un ensemble important du XVIII° siècle, s'organise autour de deux cours orthogonales. L'aile sud de la cour haute, abritant les Appartements Officiels, date d'un projet de Sir William Robinson de 1685 et fut modifiée par Joseph Jarret (c.1750). L'architecte Oscar Richardson du Office of Public Works reçut la Médaille de la Conservation du RIAI pour leur restauration. L'aile Nord comprend le Bedford Tower Block: une tour de forzme octagonale avec un fronton-loggia. La Cour Basse se compose de la Record Tower datant du Moyen-Age et d'une chapelle néo-gothique par Francis Johnston (1807), ainsi que de la Chapelle Royale, restaurée par l'OPW. Ils furent également chargés du centre de conférence destiné aux réunions de l'UE.

The castle is an important 18th-century architectural precinct, arranged around two quadrangular yards. The south range of the Upper Yard contains the State Apartments, which date from a 1685 design of Sir William Robinson, with later alterations by Joseph Jarret (c.1750). Oscar Richardson, an architect with the Office of Public Works, was awarded the RIAI Conservation Medal for their restoration. The north range contains the central Bedford Tower Block, with pedimented first-floor loggia and a tall octagonal tower. The Lower Yard contains the medieval Record Tower and a Gothic Revival chapel by Francis Johnston (1807), and the Chapel Royal, restored by the OPW. They are also responsible for the construction of the new conference facilities to house EU meetings.

Refurbished by the Office of Public Works (with Costello Murray and Beaumont Architects), 1985 [see also IMMA, p70]

This was the first great classical building in Ireland and the first by a single named architect. Built by James Butler, the Great Duke of Ormonde, on the model of Les Invalides as a home for retired soldiers, it is a large quadrangular building with limestone arcades at ground level in the courtyard. Limestone details at doorcases, string courses and entablature, together with simple stucco window surrounds give interest to the rough-plastered walls.

DR STEEVEN'S HOSPITAL, DUBLIN

THOMAS BURGH, 1720

Restauration par Arthur Gibney & Partners, 1992

L'hôpital Dr Steevens est le plus ancien hôpital privé d'Irlande. Après la mort de Burgh, Edward Lovett Pearce surveilla l'achèvement des travaux. La Worth Library est la partie intérieure la plus importante. Il est probable qu'elle fut dessinée par le maître charpentier Hugh Wilson, qui l'a également exécutée. En fonctionnement jusqu'aux années 1980. Le bâtiment, acquis par le Eastern Health Board pour son centre de direction, fut rénové par Arthur Gibney & Partners. Une nouvelle place urbaine fut créée du côté nord du bâtiment, en face de la gare.

Refurbished by Arthur Gibney & Partners, 1992

Dr Steeven's is the oldest private hospital in Ireland. Edward Lovett Pearce acted as superintendent to the work after Burgh's death. The Worth Library is the most significant part of the interior. It was probably designed by Hugh Wilson, the master carpenter who executed the work. The hospital was in everyday use until the 1980s. Bought by the Eastern Health Board to act as its headquarters, the building has been extensively restored and converted by Arthur Gibney & Partners. The area to the north side of the building has been redesigned to form a new urban plaza addressing Heuston Station.

TRINITY COLLEGE DUBLIN

L'Université de Dublin fut décrite comme le plus parfait exemple, en Angleterre et en Irlande, d'ensemble universitaire du XVIIIe siècle. Les plus anciens bâtiments, les Rubrics, sont de 1700. La bibliothèque, dessinée par Thomas Burgh, date de 1712. Le hall avec son escalier lui fut ajouté plus tard par Richard Cassels, et au XIXe siècle, un magnifique plafond vouté en arc de plein cintre fut réalisé par Deane et Woodward. Cassels fut aussi l'auteur en 1734 du Printing House, avec sa forme de petit temple, et, en 1745, du Dining Hall (réfectoire) avec son fronton. La façade Palladienne ouest fut dessinée en 1752 par Theodore Jacobsen. La maison du prévôt, avec sa façade Palladienne, possède un magnifique intérieur du XVIIIe siècle. Les bâtiments jumeaux sur la place d'entrée du campus, avec leurs frontons corinthiens, sont la Chapelle et le Théâtre, dessinés par Sir William Chambers en 1774.

Dublin University has been described as the most perfect ensemble of 18th-century collegiate buildings in Britain or Ireland. Earliest surviving buildings, the Rubrics, date from 1700. The Old Library dates from 1712 and was designed by Thomas Burgh. Later additions were a staircase hall by Richard Cassels and a magnificent 19th-century, barrel-vaulted ceiling by Deane and Woodward. Cassels was also responsible for the temple-like Printing House (1734) and the pedimented Dining Hall (1745). The Palladian west front was designed by Theodore Jacobsen in 1752. The Provost's House, with its Palladian façade, has a magnificent early 18th-century interior. The twin buildings on the front quadrangle with Corinthian porticos are the Chapel and Theatre, designed by Sir William Chambers in 1774.

CASTLETOWN HOUSE, CO KILDARE

ALESSANDRO GALILEI AND
SIR EDWARD LOVETT PEARCE, 1732

Castletown est la première, la plus grande et la plus somptueuse des grandes demeures rurales Palladiennes édifiées en Irlande. Sa conception est attribuée à l'architecte italien Alessandro Galilei et, en partie, à Sir Edward Lovett Pearce. La partie centrale, semblable à un palais urbain de la Renaissance italienne, est reliée aux deux ailes de services par des colonnades ioniques en arc de cercle. Le hall d'entrée haut de deux étages est remarquable pour sa décoration rococo en pierre due aux frères Francini.

Castletown is the earliest, largest and most completely realised of Irish Palladian country houses. The design is attributed to the Italian architect Alessandro Galilei and, in part, to Sir Edward Lovett Pearce. The central block, in the form of an Italian Renaissance town palazzo, is linked to two service wings by curved colonnades of Ionic columns. There is a double-height entrance hall, with notable rococo stone-work by the Francini brothers.

OLD PARLIAMENT HOUSE / BANK OF IRELAND, DUBLIN

SIR EDWARD LOVETT PEARCE, 1729
JAMES GANDON, 1785

Le Parlement à College Green fut construit pour abriter la Chambre des Commons et la Chambre des Lords. Le bloc central Palladien fut dessiné en 1729 par Edward Lovett Pearce; le portique Corinthien à l'est par James Gandon (c.1785), et le portique Ionique à l'ouest par Richard Parkes. Le bâtiment met en valeur pour la première fois ce qui sera utilisé avec grand succès à Dublin lors du XVIIIe et XIXe siècle: une combinaison de pierre de Portland et de granite local. En 1803, suite à la dissolution du Parlement, le bâtiment fut repris par la Banque d'Irlande, et il fut réaménagé par Francis Johnston.

The Parliament House in College Green was built to accommodate the Irish Houses of Commons and Lords. The Palladian centre block was designed in 1729 by Sir Edward Lovett Pearce; the magnificent Corinthian portico to the east is by James Gandon (c.1785), and the western Ionic portico is by Richard Parkes. The building displays the first combined use of Portland stone dressing with Dublin granite masonry, which became a highly successful formula in Dublin in the 18th and 19th centuries. In 1803, after Parliament's dissolution, the building was taken over by the Bank of Ireland, and it was remodelled by Francis Johnston.

Merrion Square, Dublin

A la fin du XVIIIe siècle, les classes aisées de Dublin migrèrent progressivement du nord au sud de la Liffey, et s'installèrent autour de Merrion Square. C'est le Comte de Kildare qui ammorça le processus avec la construction de Kildare (Leinster) House en 1745. En 1762, le Vicomte Fitzwilliam commanda à John Ensor, l'architecte de Parnell Square, l'urbanisation des terrains à l'Est de Merrion Street. L'aménagement de la place commença par le côté nord suivant le procédé habituel où des baux de 99 ans permettaient la construction de maisons de ville. Des petits entreprises achetaient des ensembles de deux ou trois plots, y construisaient des maisons qu'ils revendaient ou louaient. Ce procédé amena une grande variété à la place de Merrion Square et à la ville Georgienne de Dublin. Merrion Square fut essentiellement résidentielle jusqu'aux années 1940.

The Wide Streets Commissioners

Les Wide Streets Commissioners, une agence d'intérêt public, en vigueur entre 1757 et 1841, projetèrent une série de boulevards à travers le tissus urbain existant de façon à relier les principaux bâtiments publics. Au XVIIIe siècle, ils ont su donner à Dublin une vision globale de la cité. Leur projet comprenait l'assemblage des terrains, la direction de la conception des boulevards, y compris les façades formelles des commerces et des édifices les longeant. Ils réussirent à changer les axes majeurs de la ville – Westmoreland St et O'Connell St en sont toujours les artères principales – et la forme des alignements au centre de Dame St et à Parliament St. Jusq'en 1790, les projets privés devaient être soumis à eux, un ancien et efficace moyen de contôle.

The Wide Streets Commissioners, active between 1757 and 1841, were a public body concerned with opening new avenues through existing urban fabric in order to link major public buildings. They gave Dublin an overall 18th-century vision, which was successful partly because of the city's relatively small size. Their work included site assembly, negotiation, supervision of the design of streets and also the tautly formal blocks of shops/houses that stand along them. They effectively changed the axis of the city: Westmoreland St and O'Connell St remain major arteries today, and the outline of the uniform terraces survive throughout the centre in Dame St and Parliament St. By 1790, private building proposals also had to be submitted to the Commissioners, an early and effective planning control.

In the late 18th century, the fashionable elite of Dublin moved slowly from the north to the south of the Liffey and particularly to the area around Merrion Square. The lead was taken by the Earl of Kildare in the construction of Kildare (Leinster) House in 1745. In 1762, Viscount Fitzwilliam commissioned the architect John Ensor, who had planned Parnell Square, to lay out the lands east of Merrion Street. Development of the new square began on the north side, following the usual process of providing 99-year leases for plots of land on which houses were to be built. Small builders took two or three plots each, constructed houses and sold or sublet the developed plots. This process gave a variety to the square and to Georgian Dublin – the older parts of the square have a remarkable variety of architectural expression. Merrion Square remained largely residential until the 1940s.

THE CASINO AT MARINO, DUBLIN

SIR WILLIAM CHAMBERS, 1758

Restauration par T Austin Dunphy et John Redmill, O'Neill Flanagan Architects, 1980

Le Casino est un élégant temple de style dorique romain, construit comme maison de loisirs pour James Caulfield, premier Comte de Charlemont, sur son domaine à Marino. Maurice Craig affirme qu'il est 'un des plus beaux bâtiments de son type dans le monde'. C'est par ce petit bâtiment de pierre que Sir William Chambers introduisit la sophistication du néoclassicisme français en Irlande. Depuis l'extérieur, le bâtiment semble n'abriter qu'un seule étage et qu'une seule pièce. Alors que l'organisation compacte et intelligente du plan et de la coupe révèle huit pièces, et un sous-bassement imposant. Le bâtiment fut reestauré en 1980 par Austin Dunphy et John Redmill, O'Neill Flanagan Architects, pour l'Office of Public Works.

Restoration by T Austin Dunphy and John Redmill, O'Neill Flanagan Architects, 1980

The Casino is an elegant Roman-Doric temple, built as a pleasure house for James Caulfield, 1st Earl of Charlemont, on his demesne at Marino. It is described by Maurice Craig as 'one of the most beautiful buildings of its kind anywhere'. In this tiny stone building, Sir William Chambers introduced the sophistication of French neo-classicism to Ireland. Externally, the building appears to be a single-storey, one-roomed building. But in fact its compact and clever plan and section conceals three levels, with eight rooms, and an extensive basement. In 1980 the building was restored on behalf of the Office of Public Works by Austin Dunphy and John Redmill of O'Neill Flanagan Architects.

THE SWISS COTTAGE, CAHIR, CO TIPPERARY

JOHN NASH ?, C.1817

Restauration par T Austin Dunphy, Dunphy O'Connor & Partners, 1989

Le Chalet Suisse fut construit aux alentours de 1817 pour Richard Butler, le 12e Seigneur de Caher, probablement selon le projet de John Nash. C'est peut-être le plus bel exemple existant de la typologie appelé 'cottage orné' qui fleurit à la fin des XVIIIe et XIXe siècles. L'exemple le plus célebre est la Ferme de Marie-Antoinnette à Versailles. Le concept d'un endroit rural idyllique où les gens riches jouaient aux paysans, eut ses origines en Irlande lors du XVIIIe siècle. Le Chalet reçut la Médaille de la Conservation du RIAI, 1987-89.

Restoration by T Austin Dunphy, Dunphy, O'Connor & Partners, 1989

The Swiss Cottage was built c.1817 for Richard Butler, 12th Lord Caher, to the design (possibly) of John Nash. It is arguably the finest surviving example of the type of ornamental cottage known as 'cottage orné', which flourished in the late 18th and 19th centuries. The most famous example is Marie-Antoinette's Hammeau de la Reine at Versailles. There is strong evidence that the idea of a rural idyll where rich people pretended to be peasants originated in Ireland in the 18th century. The Swiss Cottage was awarded the RIAI Conservation Medal, 1987-89.

THE FOUR COURTS, DUBLIN

JAMES GANDON, 1786

Le Palais de Justice et le Bâtiment des Douanes sont les deux superbes bâtiments que James Gandon réalisa le long du fleuve Liffey. Le premier se compose d'un fronton central relié aux pavillons latéraux par des arcades et des arcs de triomphe. Le bloc central est surmonté d'une colonnade en rotonde et d'un dôme néo-classique bas. Les cinq statues de la partie centrale – Moïse, la Justice, la Pitié, la Sagesse et l'Autorité – sont de Edward Smyth. Le complexe fut bombardé et brûlé par les troupes de l'Etat Libre lorsque la Guerre Civile éclata en 1922. De fait, l'intérieur est très altéré. La partie ouest provient d'un projet plus ancien dessiné par l'architecte Thomas Cooley.

The Four Courts and the Custom House are Gandon's great riverine buildings. The former contains a pedimented centre, linked to end pavilions by arcaded screens and triumphal arches. The central block is surmounted by a colonnaded rotunda with a shallow neo-classical dome. The five statues on the central block – of Moses, Justice and Mercy with Wisdom and Authority – are by Edward Smyth. The complex was bombarded and burnt by Free State troops when the Civil War broke out in 1922. As a result, the interior is much altered. The west range is part of an earlier scheme designed by the architect Thomas Cooley.

THE CUSTOM HOUSE, DUBLIN

JAMES GANDON 1791

Restauration de la façade par l'OPW, 1990

Oeuvre majeure de James Gandon, le Bâtiment des Douanes, dessiné en 1791, comporte quatre façades décorées et une collection de superbes statues de Edward Smyth. La façade sud, donnant sur le fleuve Liffey, s'articule autour d'un fronton central surmonté d'une tour entourée de colonnes coiffée d'un dôme. Elle se termine à chaque extrémité par des pavillons à colonnes doriques placées en retrait. L'intérieur du Bâtiment des Douanes fut détruit par un incendie en 1921 lors de la Guerre d'Independance. Restauré par l'OPW en années 1920, sa restauration la plus récente fut réalisée en 1990.

Stonework restoration by the Office of Public Works, 1990

The Custom House is James Gandon's masterpiece, designed in 1791, with four decorated fronts and superb statuary by Edward Smyth. The south front to the River Liffey has a pedimented central portico, surmounted by a domed colonnaded tower, and beautifully balanced end-pavilions with recessed Doric columns. The Custom House was gutted by fire in 1921 during the War of Independence. Originally restored by the Office of Public Works in the 1920s, the latest major restoration was completed in 1990 by David Slattery and Alistair Lindsay of the OPW.

CURVILINEAR RANGE, NATIONAL BOTANIC GARDENS, DUBLIN

RICHARD TURNER, 1869

Restauration par Ciarán O'Connor, Office of Public Works, 1995

La Serre Courbe (1843-1869) fut dessinée par le Dublinois Richard Turner, et est le plus important bâtiment d'Irlande en fonte et fer forgé. Tant les Jardins de Kew que ceux de Belfast ont reconstruit leurs serres de Turner à l'identique avec respectivement de l'acier et de l'inox. Le projet est donc le dernier bâtiment public important de Turner à conserver ses matériaux d'origine, intrinséquement liés à leur conception. La restauration fidèle fut possible grace à un programme de recherche sur les nouvelles techniques de restauration.

Restoration by Ciarán O'Connor, Office of Public Works, 1995

The Curvilinear Range (1843-1869) was designed by Dubliner Richard Turner, and is the most significant wrought and cast-iron building in Ireland. The botanical gardens in Kew and Belfast have replicated their Turner glasshouses, in stainless steel and mild steel respectively. This building is, therefore, Turner's last remaining major public building in his original materials, which were so intrinsic to his design. The faithful restoration was achieved through the research and development of new restoration techniques.

KILKENNY CASTLE, KILKENNY

Restauration (phase 2) par Patrick Gannon, Office of Public Works, 1993

Le projet consiste en la restauration et la reconstruction des quatre étages du bloc central du chateau afin de recréer les chambres et les salles de réception somptueuses de 1830. Les fouilles archéologiques des fondations médiévales durèrent huit mois. Le projet traite discrètement dans le cadre d'un aménagement intérieur historiquement exact, des éléments modernes de structure, de sécurité et de surveillance.

Restoration (phase 2) by Patrick Gannon, Office of Public Works, 1993

This project involved extensive restoration and reconstruction of the central block of the castle over four floors to recreate the lavish period reception and bedrooms of the 1830s. It included an eight-month archaeological excavation of the medieval sub-ground areas. The project discreetly incorporates modern structure, safety and security systems within the historically accurate interiors.

GOVERNMENT BUILDINGS, MERRION STREET, DUBLIN

AUSTIN WEBB AND TM DEANE, 1922

Restaurés par l'OPW, 1989

Ce bâtiment consiste en deux blocs reliés par une colonnade monumentale baroque de style Edwardien. La construction fut lente. Les travaux furent suspendus à la suite de rumeur sur l'attitude du gouvernement Britanique attendant les résultats du Home Rule Bill. Au moment de son achèvement en 1922, le règne de l'Etat Britanique s'acheva. En 1989, le bâtiment fut restauré par l'Office of Public Works afin d'abriter les services du Taoiseach (premier ministre irlandais). La façade de pierre restaurée et l'illumination externe crée une ensemble de marque pour les espaces administratifs du gouvernement irlandais.

THE GRAND OPERA HOUSE, BELFAST

Restauration par Robert McKinstry, 1979

Le superbe auditorium de 1895 ayant survécu, sa restauration fut minimale. Par contre les foyers, etc, ruinés par une conversion en cinéma datant des années 60, furent complètement réaménagés avec l'ajout d'un bar suspendu au dessus de l'entrée. A l'exception d'une nouvelle cage de scène masquée d'un toit mansardé, l'extension de l'arrière-scène n'était pas possible à cause des dimensions restreintes du terrain. Ce projet est considéré comme un catalyseur de la régénération du centre de Belfast. L'Opera reçut la Médaille de la Conservation 1977-79.

Restoration by Robert McKinstry, 1979

The superb 1895 auditorium had survived, so here the restoration was minimal. But the foyers, etc, ruined by a 1960s cinema conversion, were totally remodelled, with a new bar suspended over the entrance. Backstage, the restricted site ruled out extensions, except for a new fly tower masked by a mansard roof. This project is now seen as the catalyst for the subsequent regeneration of central Belfast. The Opera House was awarded the RIAI Conservation Medal, 1977-79.

Refurbished by the OPW, 1989

The building is in the Edwardian baroque style, and consists of two blocks linked by a monumental column screen. The construction of the offices was protracted; work stopped at one stage because it was rumoured that the British were awaiting the outcome of the Home Rule Bill. At the time of its completion in March 1922, British Rule had ended. The building was converted in 1989 and restored by the Office of Public Works as offices for An Taoiseach. The newly cleaned stonework and floodlighting provide an appropriate and dignified setting for the offices of the Irish government.

47

En 1938, Michael Scott fut retenu par le gouvernement irlandais pour dessiner le Pavillon Officiel de l'Irlande à l'Exposition Mondiale de New York dans une forme facilement identifiable par l'importante communauté Irlando-Américaine. L'architecte réalisa un élégant bâtiment moderne de verre et d'acier sans aucune compromission avec un plan en forme de trèfle, conçu pour être vu d'avion. Le long hall d'entrée incurvé contenait une très grande peinture murale par Seán Keating, et le mur du fond une sculpture de Frederick Herkner haute de 5,5m. Le bâtiment fut un tel succès que Michael Scott fut nommé citoyen d'honneur de la ville de New York.

TONER'S PUBLIC HOUSE, BAGGOT STREET DUBLIN

Restaurés par Gilroy McMahon Architects, 1974

Ce pub datant du tournant du siècle n'était plus qu'un vestige qui, durant les années 1950, tomba dans un état de délabrement avancé. Lorsque le dernier membre de la famille Toner le vendit en 1971, sa démolition était imminente. Le nouveau propriétaire fut persuadé par les architectes de le conserver. Pendant que l'enveloppe fut reconstruite, l'ensemble de la décoration et des aménagements intérieurs furent démontés et restaurés avant de retrouver leurs emplacements originaux. Le pub fonctionne à nouveau comme un splendide espace convivial. Il reçut un prix Europa Nostra en 1975.

Refurbished by Gilroy McMahon Architects, 1974

This is a remnant of a turn-of-the-century Dublin pub which, during the 1950s, fell into serious disrepair. When the last of the Toner family sold out in 1971, it was in imminent danger of demolition and modernisation. The new owner was persuaded by the architects to conserve. All interiors and fittings were removed and restored, while the building fabric was reconstructed before being restored to their original place. The pub again works as a great convivial space. It received a Europa Nostra Award in 1975.

In 1938, Michael Scott was commissioned by the Irish government to design the official Irish Pavilion at the World's Fair in a form which would be identifiable to the large Irish-American community. Scott designed an elegant, free-style modern building, entirely uncompromised by the shamrock plan form, intended by the architect to be read from an aeroplane. The building was constructed mainly in steel and glass. The long, curved entrance hall featured a very large mural by Seán Keating, and the exterior end wall had a 5.5m sculpture by Frederick Herkner. The building was such a success that Scott was made an honorary citizen of the city of New York.

Construit entre 1947 et 1953, Busáras est la première oeuvre majeure de l'architecture moderne à Dublin, après-guerre. Influencé par le Corbusier et le style International, son importance fut immédiatement reconnue en dehors de l'Irlande. Le bâtiment accueille le terminus de bus, des locaux gouvernementaux et un petit cinéma. Avec sa structure en beton armé revêtue de pierre de Portland, ce bâtiment reste un des phares de l'architecture moderne en Irlande. Il reçut la Médaille d'Or du RIAI, 1953-55.

Built between 1947 and 1953, Busáras was the first major work of modern architecture in post-war Dublin. Influenced by le Corbusier and the early International Modern Style, its architectural significance was immediately recognised outside Ireland. The building was designed to house a bus terminus and transport company (later, government) offices; it also featured a small newsreel cinema to occupy travellers. Constructed of reinforced concrete with Portland stone cladding, Busáras remains one of the landmarks of modern architecture in Ireland. It won the RIAI Gold Medal, 1953-55.

DUBLIN AIRPORT

DESMOND FITZGERALD, OPW, 1940

Ce fut le premier bâtiment de la nouvelle compagnie aérienne nationale. Sous la direction de Desmond Fitzgerald, une équipe d'architectes dessina ce bâtiment pionnier dans un Style International. Pourtant, lors de son achèvement en 1940, et bien que ce projet soigné et élégant fût un type de bâtiment relativement nouveau pour l'époque, le bâtiment ne reçut pas la reconnaissance internationale qu'il méritait du fait de la censure due à la guerre. Il s'agissait d'un 'projet global' ou 'total design' où les architectes dessinèrent tout. Le bâtiment rappelle une autre époque où voyager en avion était excitant et luxurieux. Le projet reçut la Médaille d'Or du RIAI, 1938-1940.

This was the first building of the new national airline Aer Lingus. Under the direction of Desmond Fitzgerald, an architectural team designed this pioneering building in a confident International Style. The elegant and meticulous design, for what was then a relatively new building type, did not receive the international recognition it deserved when completed in 1940, due to war-time censorship. This entire project was a deliberate attempt at 'total design', with the architects choosing fabric, cutlery and even menu cards. The building is a nostalgic reminder of a time when air travel was exciting and glamorous. The project won the RIAI Gold Medal, 1938-40.

CHURCH OF ST AONGUS, BURT, CO DONEGAL

LIAM McCORMICK, 1967

L'Eglise de St Aongus demeure le plus bel exemple d'église conçue en Irlande après Vatican II. L'architecte y réussit à combiner la fonction de la liturgie à la forme du bâtiment dans une église lyrique se mariant au paysage. La forme du bâtiment fut influencée par le proche Grianán an Aileach, un fort de pierre construit dans les premiers siècles de l'aire Chrétienne. L'église de St Aongus reçut la Médaille d'Or du RIAI, 1965-67.

The Church of St Aongus remains the finest achievement of post-Vatican era church design in Ireland, where the architect skilfully managed to combine the function of the liturgy with the form of the building into a lyrical church wedded to the landscape. The building form was influenced by nearby Grianán an Aileach, a stone fort probably built in the Early Christian era. The Church of St Aongus won the RIAI Gold Medal, 1965-67.

CASTLEPARK VILLAGE, KINSALE, CO CORK

DENIS ANDERSON, DIAMOND REDFERN ANDERSON, 1972

Le hameau de Castlepark est un lotissement privé de 25 maisons, situé sur une péninsule de la baie de Kinsale. C'est ici que, entouré d'eau, avec les châteaux historiques de James Fort et de Charles Fort de l'autre côté de l'estuaire, commença 'l'exil des comtes' en 1681 pour s'achever à Bordeaux. Le projet tente de recréer un village maritime traditionnel. On y trouve un pub, un restaurant, un port de plaisance et une petite plage de sable. Les maisons, aux façades d'enduit blanc et aux toitures d'ardoise, sont constituées de trois pièces sur un niveau ou de quatre pièces sur deux niveaux.

Castlepark village is a private development of twenty-five houses on a peninsula in Kinsale harbour. Surrounded by water, with historic James Fort and Charles Fort across the estuary, this is where the Flight of the Earls started in 1691, ending in Bordeaux. The design is an attempt to recreate the form of a traditional Irish maritime village. There is a public house, restaurant, marina and small sandy beach. The houses are single-storey with two bedrooms and two-storey with three bedrooms, finished in white render and slate.

CARROLL'S FACTORY, DUNDALK, CO LOUTH

RONALD TALLON, SCOTT TALLON WALKER, 1970

Le programme exigeait que le bâtiment puisse s'étendre dans toutes les directions, et que les aires de production soient accessibles en dehors des zones de travail en atmosphère contrôlé. Le système modulaire adopté pour le bâtiment, utilisant un module de 20m de côté, permet son extension par unité de 400m². Le bâtiment a déjà été agrandi trois fois. L'épaisseur de la structure du toit couvrant les modules permet l'accès pour l'entretien des réseaux de fluides.

The client brief for this building required that the building should be capable of expansion in all departments, and the production areas should be serviced from outside the controlled working areas. The multi-cellular system adopted for the building, using a cell unit of 20m square, allowed the building to expand in units of 400m². The building has already been expanded three times. The roof structure depth over each cell allowed access for maintenance of services.

ST MARY'S CHURCH, CONG, CO MAYO

NOEL DOWLEY, 1973

La nouvelle église occupe le site d'une ancienne église, voisine des ruines de l'Abbaye de Cong datant du septième siècle. Le concept cherche à établir un lien entre le passé et le présent. L'expression formelle à l'échelle du bâtiment est donc modeste. A l'intérieur, elle crée une ambiance de salon familial, enrichissant le sens de participation de la congrégation. Le bâtiment incorpore plusieurs éléments de l'ancienne église dont certains murs, mais célèbre également la technologie moderne. L'église fut publiée dans la série des timbres-postes 'Europa'.

This new church occupies the same site as an older one, adjoining the ruins of the seventh-century Cong Abbey. The concept is to establish a continuity between the past and the present. Therefore, the expression and scale of the building has been kept modest. Internally, this creates a living-room quality, enhancing the sense of participation by the congregation. Many elements of the old church, including the walls, have been incorporated into the new, but modern technology is also celebrated. The church featured on the *Europa* stamp series.

ARTHUR GIBNEY & PARTNERS, 1976

L'institut Irlandais du Management se situe en bordure des montagnes de Dublin. C'est le siège d'une association nationale, contenant des bureaux, une bibliothèque, un restaurant et de nombreuses salles de cours dispensant une formation post-diplôme axée sur l'apprentissage du management. La disposition fut dictée par la pente du terrain et la présence d'une émergence granitique continue courant le long du perimètre du terrain. Il reçut la Médaille d'Or Triennale du RIAI, 1974-76.

The Irish Management Institute is situated in Sandyford, at the foot of the Dublin mountains. It is the headquarters of a national membership institution, containing offices, library, restaurant and a large teaching facility which handles postgraduate courses in management training. Its planning concept was dictated by a sloping site and the presence of continuous granite outcrops following the site contours. It won the RIAI Triennial Gold Medal, 1974-76.

RESTAURANT,
UNIVERSITY COLLEGE DUBLIN

ROBIN WALKER, SCOTT TALLON WALKER, 1970

Ce bâtiment élégant fait partie du campus de UCD. Il se situe dans un vallonnement artificiel qui donne l'opportunité de créer trois demi-niveaux, avec l'entrée principale et les espaces communs au centre. Alors qu'à l'étage inférieur on sert uniquement des en-cas, l'étage supérieur constitue le restaurant principal où l'on sert des repas complets, et il peut être divisé par des cloisons mobiles pour l'organisation d'évènements associatifs. Une belle proportion fut atteinte par l'expression rigoureuse des éléments structuraux contrastants avec l'horizontalité des planchers qui semblent flotter en l'air. Le bâtiment reçut la Médaille d'Or du RIAI, 1968-70.

This elegant building is part of the UCD campus in Belfield. It is sited in an artificial hollow which provides an opportunity to create a three-tier section, with the main entrance and common spaces at the middle level. The upper floor is the main restaurant, serving full meals, and can be adapted with sliding screens for social functions, while another restaurant on the ground floor provides smaller meals. A fine proportion has been achieved in the rigorous expression of the structural elements, contrasting with the horizontal floors which appear to float in air. It was awarded the RIAI Gold Medal, 1968-70.

Le Burren, un plateau sauvage et solitaire au nord du Comté de Clare, possède un étrange paysage calcaire formé de collines grises, de l'Atlantique, d'une lumière et de nuages toujours changeants. Le bâtiment y accueille les visiteurs des Grottes d'Aillwee qui s'y sont formées il y a des millions d'années. Le bâtiment se niche dans le rocher. Sa forme, irrégulière et rugueuse s'intègre à la colline rocheuse.

Pas assez d'eau pour noyer un homme,
de bois pur le pendre,
ou de terre pour l'inhumer.
— Ludlow, *Le Burren*

The Burren is a plateau in north Clare, wild and lonely, with strange landscape created by grey limestone hills, the Atlantic, and ever-changing light and cloud. The building provides facilities for visitors to Aillwee Caves, formed millions of years ago in the Burren. It is nestled into the rock. Its form – irregular and rugged – is designed to integrate with the rocky hill.

No water enough to drown a man,
wood enough to hang one
or earth enough to bury one.
— Ludlow, *The Burren*

MARTELLO MEWS, SANDYMOUNT, DUBLIN

DENIS ANDERSON, DIAMOND REDFERN ANDERSON, 1979

Les Martello Mews furent le premier lotissement privé réalisé à Dublin. Inséré au sein d'un quartier résidentiel existant, il regroupe seize logements autour d'une cour pavée de brique, et de petits jardins sur l'arrière. Les façades sont composées de brique et d'ardoise recyclée de type Bangor Blue, en harmonie avec les maisons Edwardiennes existantes. Le projet reçut le Prix Europa Nostra et la Médaille du Logement du RIAI en 1983.

Martello Mews was the first private residential development in Dublin city. An infill development in an established neighbourhood, it has sixteen dwellings grouped around brick-paved courtyards, with small private gardens to the rear. Many living rooms are at first-floor level, with garages below. The houses are finished in brick – compatible with the existing Edwardian houses – and recycled Bangor Blue slates. In 1979 it received a Europa Nostra diploma of merit, and in 1983 was awarded the Housing Medal by the RIAI.

THE ATRIUM, TRINITY COLLEGE DUBLIN

DE BLACAM AND MEAGHER, 1985

Construit au moment de la restauration du Dining Hall, l'atrium se definit par sa structure et ses élégants écrans de bois. La qualité des détails de la restauration du Dining Hall est également remarquable, ainsi que la recréation du Kartner Bar. Le projet reçut un prix 'Europa Nostra' en 1988.

Built in conjunction with the restoration of the Dining Hall, the atrium is notable for its elegant timber structure and screens. The restoration of the Dining Hall is also notable for the quality of the detailing and a re-creation of the Kartner Bar. The project won a Europa Nostra Award in 1988.

KILLYKEEN HOLIDAY HOMES, LOUGH OUGHTER, CO CAVAN

CIARAN O'CONNOR, OFFICE OF PUBLIC WORKS, 1986

Ce projet de recherche et dèveloppement fut réalisé pour mettre en valeur le potentiel de sept différentes espèces de bois irlandais, tout en créant un village de vacances dans une zone économiquement pauvre. Chaque chalet est situé dans sa propre clairière et bénéficie d'une vue sur le lac. Une attention spéciale fut apportée à l'intégration des vues, aux gains solaires passifs et la minimalisation des dommages à l'environnement de la forêt et du lac. A l'intérieur le bois est laissé naturel, à l'extérieur il reçoit une couleur rouge.

This was a research and development project designed to discover the potential of seven different species of Irish timber, while at the same time providing a holiday complex in an economically disadvantaged area. Each house is set within its own forest clearing with views of the lake. Special care was taken to integrate views, passive solar gain, and minimise environmental disturbance to the forest and lake. Inside, the timber is natural; outside, it is stained red.

CENTRAL MEAT CONTROL LABORATORY, CASTLEKNOCK, CO DUBLIN

JOHN TUOMEY, OFFICE OF PUBLIC WORKS, 1985

Situé à quelques kilomètres de Dublin, sur la ferme d'Etat de Abbotstown, le bâtiment abrite un laboratoire de contrôle de la viande dépendant du Ministère de l'Agriculture. Les larges toitures en arêtier expriment l'organisation du bâtiment. L'évacuation des fumées créées par les laboratoires se fait à quatorze mètres du sol pour des raisons d'hygiène et de sécurité. L'épaisseur de la toiture contient des réseaux complexes de fluides et de ventilation.

This building is designed to house a meat-testing laboratory for the Department of Agriculture on the State farm at Abbotstown, a few miles from Dublin. The large, hipped roofs express the concept of the organisation of the building. All fumes generated within the laboratories had to be discharged at 14m above ground level for health and safety reasons. Space is provided in the roof for the elaborate services and ventilation equipment.

MOUNTSHANNON HOUSING, LOUGH DERG, CO CLARE

MURRAY O'LAOIRE ASSOCIATES, 1986

Ce projet peut être vu comme un petit essai sur la fabrication des typologies urbaines du dix-huitième et dix-neuvième siècle. Les architectes ont créé une nouvelle rue entre le village et le lac, utilisant l'ondulation du terrain pour casser la masse des alignements de maisons et introduire des effets intéressants. Utilisant des détails traditionnels sur l'espace public, les architectes varient le thème vernaculaire sur l'arrière en introduisant des grands aplats de verre. L'utilisation de la couleur reflète une propension historique des Irlandais à la gaieté.

This project can be seen as a small essay in the working of 18th and 19th-century town typologies. The architects created a new street between the village and the lake, using the undulating levels to create a breakdown of the mass of the terrace and to introduce interest. While using traditional detailing for the public face of the project, the architects vary the vernacular theme to the rear by introducing large expanses of glass. Its use of colour reflects a historical Irish propensity for gaiety.

VISITOR CENTRE, GLENVEAGH NATIONAL PARK, CO DONEGAL

ANTHONY AND BARBARA O'NEILL, 1987

Le Parc National de Glenveagh, constitué de 10 000 hectares de plateaux faits de granite et de tourbières au Nord-Ouest du Donegal, se situe le long de la Faute de Gweebarra qui court au travers du Donegal en une profonde fissure. Le centre de visteurs du parc, enterré dans les tourbières environnantes, est formé d'une série de volumes courbes et de dômes, avec l'exposition et l'amphithéâtre d'un côté, l'entrée et les toilettes au centre et le restaurant de l'autre côté. L'ensemble du toit vouté est couvert de tourbe, de bruyère, de lierre et de fleurs sauvages.

Glenveagh National Park, comprising 10,000 hectares of granite and peat-covered uplands of north-west Donegal, lies along the Gweebarra Fault, which cuts across part of Donegal as a deep fissure. The park centre building, sunken into the surrounding peatland, forms a series of circular and domed volumes, with interpretation and theatre at one end, the entrance and toilets in the centre, and the restaurant at the other end. All the domed roofs are covered with peat soil, heathers, ivies and wild flowers.

PRIVATE RESIDENCE, ATHY, CO KILDARE

DEREK TYNAN ARCHITECTS, 1987

Ce projet de résidence familiale se situe sur le versant Est de la vallée du Barrow. Le terrain tombe en pente de 6m, et la maison est dessinée pour en tirer partie, avec les espaces de réception à l'étage supérieur reliés aux espaces de la famille en contrebas par une pièce en double-hauteur.

This project is a family residence on the eastern slope of the Barrow Valley. The site drops six metres, and the house is organised to take advantage of this, with formal living spaces at the upper level linked to family areas below by a double-height room.

JOHN TUOMEY, OFFICE OF PUBLIC WORKS,
1987

Le programme du Tribunal des Mineurs nécessitait une circulation strictement séparée entre le public, les témoins, les inculpés et les juges, avec une surveillance policière à certains endroits du bâtiment. La longueur du terrain sur Church Street New autorise, au moyen d'entrées différenciées, la ségrégation des usagers. Le public entre directement depuis la place de Smithfield, et accède par l'escalier principal à la salle d'attente et aux deux tribunaux éclairés zénitalement, situés au premier étage.

The brief for the Children's Courthouse contained stringent requirements for segregated circulation of the public, witnesses, defendants and judges, with Garda supervision at certain locations. The length of the site along Church Street New has been used to achieve this segregation, with separate entrances for the different personnel. The public enter directly from Smithfield, and can proceed up the main stairway to the first-floor waiting hall and the two top-lit courtrooms.

OFFICE BUILDING, ORMOND QUAY, DUBLIN

GRAFTON ARCHITECTS, 1989

Cet immeuble est un bel exemple d'insertion urbaine dans un site étroit sur les quais de la Liffey. Au rez-de-chaussée, la façade de pierre de l'ancienne église Presbytérienne est conservée. La façade de brique avec ses bandes de pierre et de plâtre, ses colonnes à double hauteur à l'étage central, réinterprète le caractère et l'échelle de ses voisins Géorgiens et Victoriens.

This is a fine example of urban infill on a small site along the Liffey quays. At ground level, the building retains the stone front wall of a former 19th-century Presbyterian church. Built of brick, with stone and plaster bands and double-height columns and windows at middle floor, the front façade reinterprets the character and scale of its Georgian and Victorian neighbours.

CHAPEL OF RECONCILIATION, KNOCK SHRINE, CO MAYO

DE BLACAM AND MEAGHER ARCHITECTS, 1991

Le sanctuaire de Knock est un lieu de pèlerinage d'importance nationale qui reçoit, durant les dimanches d'été, jusqu'à 100 000 visiteurs venus de toute l'Irlande. La fonction du bâtiment est d'accueillir le rite de la confession pour les pèlerins. Il peut y avoir jusqu'à 500 fidèles et 60 prêtres durant un seul service. Le projet crée un aménagement paysager entre la colline existante aux croix blanches et le mur original de l'Apparition.

The shrine at Knock is a national place of pilgrimage with up to 100,000 visitors on summer Sunday from all parts of Ireland. The purpose of the building is to accommodate the rite of confession for pilgrims. There might be up to 500 penitents and 60 priests at a single service. The intent was to make a landscape between an existing hill with white crosses and the original Apparition gable.

DEANERY COTTAGES, KILLALA, CO MAYO

VINCENT KEAPPOCK, KENNY & KEAPPOCK, 1990

Deanery Cottage est un ensemble de maisons de vacances destinées aux locations de courte-durée. Une palette restreinte de formes traditionnelles est utilisée pour réinterpréter le cottage traditionnel irlandais. La tour ronde, en très bon état, est un des derniers vestiges d'une implantation monastique, datant probablement du cinquième siècle.

Deanery Cottages is a development of holiday homes for short-term lettings. A restrained palette of traditional forms is used to reinterpret the traditional Irish cottage. The well-preserved round tower is one of the few remains of the monastic foundation, probably of fifth-century origin.

KING JOHN'S CASTLE, LIMERICK

MURRAY O'LAOIRE ASSOCIATES, 1991

Les fouilles entreprises au chateau de King John permirent de mettre à jour des objets et des structures s'étendant sur plus de mille ans. Ils furent incorporés au programme d'un projet de centre touristique basé sur l'héritage. Il fut décidé de recouvrir la fouille au moyen d'un bâtiment-pont, solution rendue nécessaire par l'emplacement restreint des fondations. Le 'pont' abrite des espaces d'exposition et audio-visuels, et le chateau restauré met en valeur l'histoire de Limerick et de son chateau.

The excavation of King John's Castle resulted in the exposure of artefacts and structures spanning a thousand years. These were incorporated in the brief for the castle as a heritage tourist attraction. This involved the covering over of the artefacts by a bridge structure, which was necessary given the limited foundation positions. The 'bridge', containing exhibition and audio-visual spaces, and the restored castle towers display of the history of Limerick and its castle.

IRISH MUSEUM OF MODERN ART, DUBLIN

SHAY CLEARY ARCHITECTS, 1991

Il s'agit de l'adaptation des ailes est, ouest et sud du Royal Hospital à Kilmainham, Dublin. Les escaliers existants, par leurs emplacements discrets, n'avaient aucune présence solennelle ou publique. Un nouveau hall d'entrée fut donc créé au centre de l'aile sud. Une nouvel escalier d'acier et de verre s'élève dans ce volume en double hauteur, et, par sa forme et son emplacement, établit un lien public avec le premier étage où se trouvent les principales collections. Le cour, auparavant engazonnée, fut recouverte de sable. Elle crée ainsi la première 'salle' d'exposition: un espace pour les installations et les évènements spéciaux.

The project involved the adaptation of the east, west and south ranges of the historic Royal Hospital at Kilmainham in Dublin. The existing staircases, because of their hidden and private position, had no public or honorific presence. A new entrance hall was therefore located in the centre of the south range. It contains a steel and glass staircase in a double-height volume, and by its form and location, makes public the connection to the first floor where the main collections are housed. The courtyard was changed from grass to a rolled gravel surface. It is now the first 'room' of the museum, to be used for sculpture, installations, performance or special events.

TOURIST OFFICE AND CIVIC PARK, LIMERICK

MURRAY O'LAOIRE ASSOCIATES, 1991

Ce projet s'incrit dans un ensemble destiné à revitaliser le coeur historique de Limerick et à orienter la ville vers le fleuve Shannon. Répondant au programme, les architectes appliquent des principes néoclassiques dans le dessin du parc en formant un arc de cercle gagné sur le fleuve Shannon, et en créant un amphithéâtre abrité ainsi qu'une promenade le long de l'eau. La structure suspendue du centre d'information touristique autorise un plan de forme bilatérale, créant de part et d'autre de la porte d'entrée principale du parc, une aire de rencontre couverte et un enclos abritant le centre. Le bâtiment reçut la Médaille d'Or Triennale du RIAI en 1995.

SMITHFIELD ARCHITECTURAL COMPETITION, DUBLIN

D-COMPASS, 1991

Autrefois, Smithfield était l'endroit traditionnel de Dublin où se tenaient les marchés, mais il subit un déclin depuis un demi-siècle. En 1991, Irish Distillers organisa un concours architectural destiné à stimuler un débat sur le futur de ce quartier à l'abandon. D-Compass, ex aequo avec Bennedetti-McDowell-Woolf, remportèrent le premier prix. Les jurés décrirent le projet de d-Compass comme 'un projet visionnaire qui fait du quartier de Smithfield un centre pour la culture et le spectacle'. Smithfield fait désormais partie d'un ambitieux Plan Directeur Urbain réalisé par la Ville de Dublin, et d'importants projets privés sont en cours de réalisation.

Smithfield was once the traditional market area of Dublin and has been in decline for the last half century. Then in 1991, Irish Distillers sponsored an architectural competition to stimulate debate on the future of this forgotten area. D-Compass were joint first-prize winners with Bennedetti-McDowell-Woolf. The competition assessors described the d-Compass entry as 'a visionary scheme which sees the Smithfield area as a centre of cultural life and entertainment'. Smithfield is now part of a major Dublin Corporation urban framework planning initiative, and significant private schemes are planned or in progress.

This project was part of an initiative to revitalise the historic heart of Limerick and orientate the city to the River Shannon. In responding to the brief, the architects invoked neo-classical principles in the design of the park by forming an arc of reclaimed land into the River Shannon, providing a sheltered amphitheatre and a riverside promenade. The suspension structure of the tourist information office facilitated a bilateral plan form, which gave a sheltered meeting area to one side and a tourist office to the other side of a main gateway to the park itself. The building was awarded the Triennial Gold Medal of the RIAI in 1995.

OFFICE BUILDING, LOWER MOUNT STREET, DUBLIN

A+D WEJCHERT, 1991

Cet immeuble spéculatif de bureaux est une insertion novatrice dans le cadre traditionnel de la rue, un jeu entre des éléments modernes quasi manièristes et la façade traditionnelle. Le rez-de-chaussée forme une plinthe de pierre supportant un mur de brique étagé, au centre duquel un délicat mur-rideau émerge. Son bow-window, couvert de cuivre, dialogue avec l'hôpital voisin de Holles Street.

This is an innovative infill scheme for a speculative office building, a play of modern, almost mannerist elements, against a traditional facade. The ground floor has a heavy stone base from which a delicate curtain wall emerges centrally through a brick wall which steps back at each level. Its central projecting bay window is capped in copper, in dialogue with the nearby Holles Street Hospital.

IRISH LIFE OFFICES, BERESFORD COURT, DUBLIN

A+D WEJCHERT, 1991

Il s'agit d'un immeuble de bureaux utilisant des matériaux précieux, réalisé et détaillé avec soins, créant un bâtiment digne et puissant dans une situation d'angle difficile. L'espace entre celui-ci et le bâtiment voisin du VHI contient un atrium haut de quatre étages avec un jardin d'hiver sous la verrière, agissant comme le foyer de l'ensemble.

These are corporate offices using fine materials, carefully detailed and crafted to create a building of dignity and strength on a difficult corner site. The space between this and the adjoining VHI building contains a four-storey atrium winter garden under the glazed roof, which acts as a focal point for the entire complex.

GROUP 91 ARCHITECTS, 1991

Temple Bar est délimité au nord par la Liffey, au sud par Dame Street, à l'est par la Bank of Ireland et à l'ouest par Parliament Street. Une grande partie des terrains appartenait à CIÉ, la Compagnie de Transport de l'Etat, et le site devait recevoir un important centre nodale de transport public. Suite à l'abandon du projet, le gouvernement établit Temple Bar Properties, en charge d'encourager le renouveau du quartier sur la base de plans stratégiquesy compris un plan directeur architectural et un plan directeur culturel. Un concours sur invitation pour l'établissement du Plan Directeur Architectural fut organisé en 1991 et remporté par Group 91 Architects.

CUSTOM HOUSE DOCKS DEVELOPMENT, DUBLIN

BURKE-KENNEDY DOYLE & PARTNERS (PHASE 1 – 1991; ENTIRE – 1998)

Cet ensemble de docks devenus inutiles, se situe à 500m de O'Connell Street, l'artère principale de Dublin. Le terrain comprend 27 acres, dont sept acres construits au XVIIIe siècle. Leur réaménagement, dont 70% sont achevés, comprend les 100 000m² de bureaux du Financial Service Centre, 330 appartements, un hôtel de 250 chambres, une halle historique classée de 10 000m² destinée aux manifestations culturelles, ainsi que des commerces et un parking de 100 places. Le promoteur et l'équipe de consultants furent retenus à la suite d'un concours en 1987.

The site is redundant dock land 500m from O'Connell Street, Dublin's main thoroughfare. It comprises 27 acres, of which seven are in the form of docks completed in the 18th century. The development, approximately 70% complete, comprises 100,000m² of offices for the Financial Services Centre, 330 residential units, a 250-bedroom hotel, a 10,000m² listed warehouse for cultural use, and retailing, with parking for 100 cars. The developer and his design team were chosen as a result of a competition held in 1987.

Temple Bar is bounded to the north by the River Liffey, to the south by Dame Street, to the east by the Bank of Ireland, and to the west by Parliament Street. A significant area of the site was owned by the State transport company, CIÉ, and there was a proposal to build a major transportation centre on the site. This was abandoned, and the government established Temple Bar Properties, with the objective of promoting development within the context of an architectural and cultural framework plan. A limited competition was held in 1991 for an architectural framework plan, which was won by Group 91 Architects.

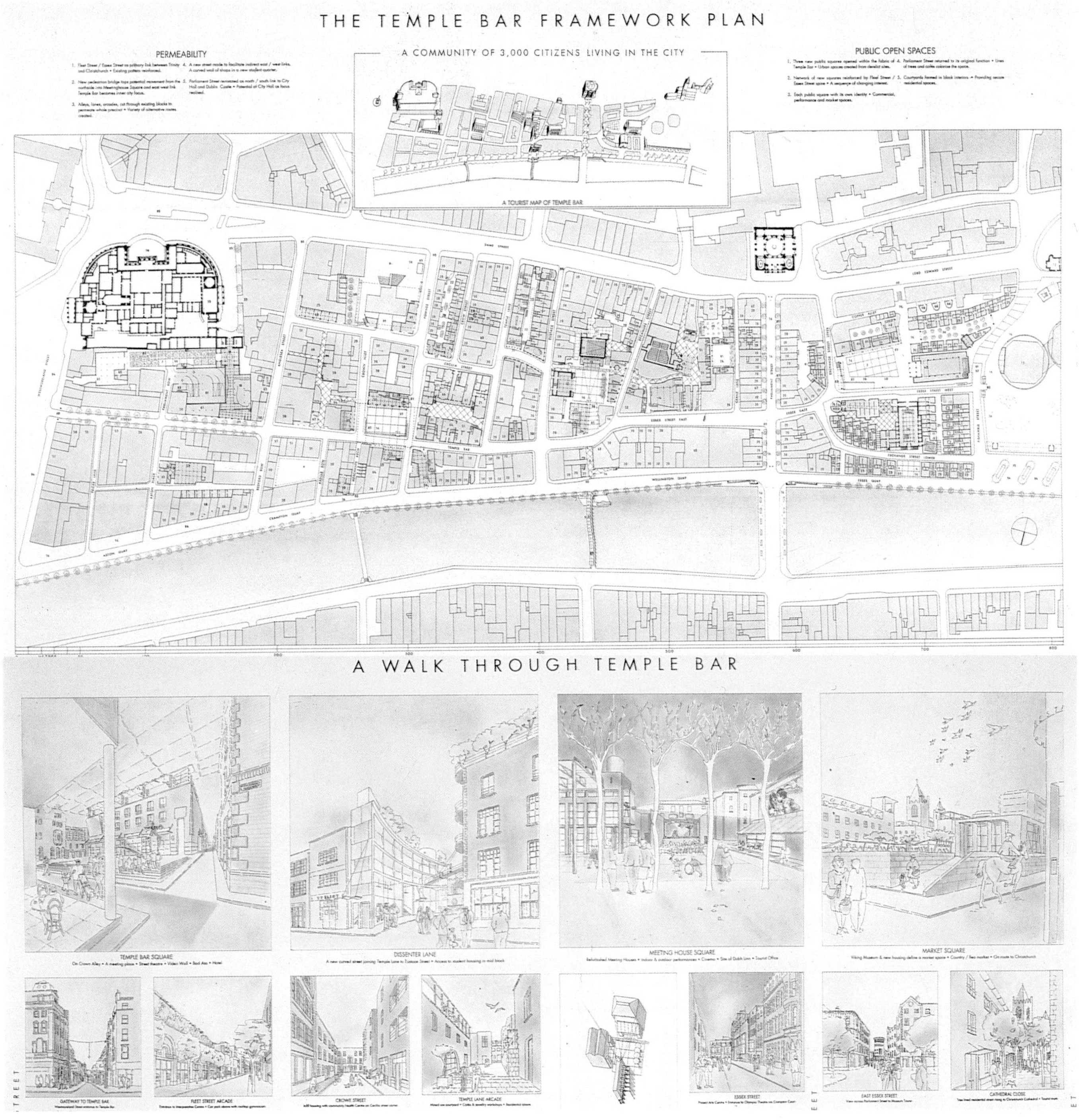
THE TEMPLE BAR FRAMEWORK PLAN
PERMEABILITY
1. Fleet Street / Essex Street as primary link between Trinity and Christchurch • Existing pattern reinforced.
2. New pedestrian bridge taps potential movement from the northside into Meetinghouse Square and east west link. Temple Bar becomes inner city focus.
3. Alleys, lanes, arcades, cut through existing blocks to permeate whole precinct • Variety of alternative routes created.
4. A new street made to facilitate indirect east / west links. A curved wall of shops in a new student quarter.
5. Parliament Street reinstated as north / south link to City Hall and Dublin Castle • Potential of City Hall as focus realised.
A COMMUNITY OF 3,000 CITIZENS LIVING IN THE CITY
A TOURIST MAP OF TEMPLE BAR
PUBLIC OPEN SPACES
1. Three new public squares opened within the fabric of Temple Bar • Urban spaces created from derelict sites.
2. Network of new squares reinforced by Fleet Street / Essex Street spine • A sequence of changing interest.
3. Each public square with its own identity • Commercial, performance and market spaces.
4. Parliament Street returned to its original function • Lines of trees and cafés colonise the space.
5. Courtyards formed in block interiors • Providing secure residential spaces.
DAME STREET
LORD EDWARD STREET
CECILIA STREET
TEMPLE BAR
ESSEX STREET EAST
ESSEX STREET WEST
ESSEX GATE
EXCHANGE STREET LOWER
WELLINGTON QUAY
ESSEX QUAY
CRAMPTON QUAY
ASTON QUAY
FLEET STREET
COPPER ALLEY
100
200
300
400
500
600
700
800
A WALK THROUGH TEMPLE BAR
TEMPLE BAR SQUARE
On Crown Alley • A meeting place • Street theatre • Video Wall • Bad Ass • Hotel
DISSENTER LANE
A new curved street joining Temple Lane to Eustace Street • Access to student housing in mid block
MEETING HOUSE SQUARE
Refurbished Meeting Houses • Indoor & outdoor performances • Cinema • Site of Dubh Linn • Tourist Office
MARKET SQUARE
Viking Museum & new housing define a market space • Country / flea market • On route to Christchurch
GATEWAY TO TEMPLE BAR
FLEET STREET ARCADE
CROWE STREET
TEMPLE LANE ARCADE
ESSEX STREET
EAST ESSEX STREET
CATHEDRAL CLOSE

IRISH FILM CENTRE, TEMPLE BAR, DUBLIN

O'DONNELL AND TUOMEY, 1992

Le projet abrite deux cinémas, les archives du film, un bar, un restaurant, des bureaux etc. Il constitue la conversion et l'extension de l'ancien quartier général des Quakers. Le projet se situe au centre d'un îlot urbain, sans façade principale, mais accessible par des passages étroits depuis les rues avoisinantes. De façon générale, les éléments nouveaux du projet sont conçus comme des installations, contrastant avec le bâtiment existant, créant ainsi un environnement animé propice aux débats et à la vision des films.

The building houses two cinemas, a film archive, bar, restaurant, film offices, etc. It comprises the conversion and extension of the former Quaker headquarters. It is at the centre of a city block, with no significant street frontage but narrow routes of access from these streets. In general, new elements are treated as installations, standing in contrast to the existing building and combining with it to create a lively environment for the viewing and discussion of film.

ASHTOWN DEMESNE, PHOENIX PARK, DUBLIN

CIARAN O'CONNOR, OFFICE OF PUBLIC WORKS, 1992

Il s'agit d'un bâtiment d'expostion pour le Phoenix Park, classé Parc Historique National, couvrant 740 hectares à seulement 4km du centre de Dublin. Le concept consista à confirmer la vieille cour des écuries dans son rôle central dans la circulation. Chaque bâtiment de période différente possède son propre matériau, la maison-tour du XVIe siècle et les écuries du XVIIIe siècle sont en pierre, alors que les quartiers des servants, datant du XIXe siècle, sont en brique. Les bâtiments nouveaux sont en bois et acier, et se distinguent par leur profil de toiture.

This is an exhibition centre for the 740-hectare Phoenix Park, a designated National Historic Park, only 4km from the centre of Dublin. The design strategy was to consolidate the old stable courtyard as the focus for circulation. Each period of building had its own material, with the 16th-century tower house and 18th-century stables in stone, while the 19th-century servants' quarters were in brick. The new buildings are in timber and steel, and have a different roof profile.

WATERWAYS VISITOR CENTRE, GRAND CANAL BASIN, DUBLIN

C O'CONNOR AND G O'SULLIVAN,
OFFICE OF PUBLIC WORKS, 1992

Ce bâtiment abrite, dans les docks de Grand Canal datant de 1796, le Centre d'Exposition National des Canaux et des Voies Fluviales Navigables. Parce que le client n'avait pas de terrain où construire, les architectes proposèrent un bâtiment sur l'eau dont le client avait la responsabilité. La lumière naturelle est captée au sommet et à la base du mur d'exposition afin d'éviter l'éblouissement, de maximiser la surface d'exposition et de créer un lien visuel avec l'eau du canal – raison d'être du bâtiment. Comme une péniche, l'extérieur est fait de métal, l'intérieur de bois.

SKELLIG VISITOR CENTRE, VALENTIA ISLAND, CO KERRY

PETER & MARY DOYLE, DOYLE ARCHITECTS,
1992

Le centre touristique est situé en terre ferme, à envrion 16 km des Îles Skellig où se trouvent un site monastique du sixième siècle. Le bâtiment adopte un profil bas dans le paysage et se compose d'une série de murs transversaux soutenant des voûtes de béton couvertes de terre. On peut y acheter un ticket pour la visite des îles en bateau. Le bâtiment abrite également une aire d'exposition, un petit restaurant, une salle audio-visuelle, des toilettes et une boutique.

The visitor centre is situated on the mainland, about 16km from the Skellig Islands, which house a sixth-century early christian monastic settlement. The building is set low in the landscape, and consists of cross walls supporting grass-covered concrete vaulted roofs. It is the venue for purchasing tickets for the boat trips to the Skellig Islands, and houses and exhibition area, small restaurant, video room, toilets and a shop.

This is a national canal and inland waterways exhibition centre located in the 1796 Grand Canal dock. The client had no land site options, so the architects suggested a building on the water over which the client had control. Natural light is taken in at the top and bottom of the display walls to avoid glare, maximise wall display areas, and give a visual link to the canal water – the reason for the building. Like a barge, the outside is metal, while the inside is timber.

CHARLESLAND GOLF AND COUNTRY CLUB, CO WICKLOW

PAUL KEOGH ARCHITECTS, 1992

Ce projet se situe à environ 30 kilomètres au sud de Dublin. Le terrain est bordé par la mer à l'est. Le bâtiment contient trois grandes salles publiques regardant au sud le parcours de golf, en particulier le dix-huitième trou. L'aile de l'hôtel forme un mur sur la cour d'entrée, les chambres font face à la mer. La disposition du plan utilisé réduit l'échelle du bâtiment et crée une identité forte pour chacun des éléments fonctionnels du projet.

This project is approximately 30km south of Dublin. The site is bounded by the sea to the east. The building contains three large public rooms with southern views over the golf course, particularly the 18th green. The hotel wing forms a wall to the entrance court, and the bedrooms face towards the sea. The layering of the plan is used to reduce the scale of the building and to create a strong identity for each functional component of the building.

NAVAN VISITOR CENTRE, CO ARMAGH

McADAM DESIGN, 1993

Le Fort de Navan est sans conteste le plus important monument ancien de l'Irlande du Nord. L'archéologie, l'histoire et la mythologie s'accordent à confirmer son statut de Eamhain Macha, le siège vieux de 2000 ans des anciens Rois d'Ulster. Dans le centre touristique, cette archéologie, cette histoire et cette mythologie sont mises en scène au travers de moyens modernes d'exposition. A celà s'ajoutent des programmes pour les visiteurs et les étudiants, explorant et dèveloppant l'ensemble des aspects de l'héritage Celtique.

Navan Fort is arguably Northern Ireland's most important ancient monument. Archaeology, history and mythology all confirm its status as Eamhain Macha, the 2,000-year-old seat of the ancient kings of Ulster. In the visitor centre, this archaeology, history and mythology are brought to life by modern interpretation, together with a wide range of programmes for visitors and students, exploring and developing all aspects of the Celtic heritage.

CÉIDE FIELDS VISITOR CENTRE BALLYCASTLE, CO MAYO

MARY MacKENNA, OFFICE OF PUBLIC WORKS, 1993

Le centre touristique marque l'entrée d'un habitat néolithique vieux de 5000 ans. Il abrite des expositions, une salle audio-visuelle et un salon de thé. Placer un bâtiment de façon heureuse dans ce paysage magnifique et sensible constituait un défi unique. La réponse de l'architecte fut influencée par l'usage de formes simples et fortes: les tours Martello et les phares sur la côte en constituent des exemples familiers. La forme en pyramide fut retenue, un pic unifié émergeant de la tourbe pour former une extension naturelle du paysage. L'aménagement paysager et le bâtiment se touchent et sont reliés par des emmarchements.

BLASKET ISLAND CENTRE, DUN CHAOIN, CO KERRY

CIARAN O'CONNOR, OFFICE OF PUBLIC WORKS, 1993

Le centre touristique des Îles Blasket est le résultat d'un partenariat entre la Fondation des Îles Blasket, locale et de langue irlandaise, et l'Office of Public Works du gouvernement. L'élément clé du projet est une longue galerie, ou axe, qui, par une rampe, relie l'entrée aux espaces d'exposition et à une vue magnifique sur la Grande Île Blasket. La galerie court parallèlement à la trame existante des murets dans les champs, et est elle-même bâtie tel un mur utilisant des pierres locales. L'irlandais est la troisième plus vieille langue écrite Européenne, après le Grec et le Latin.

The Blasket Centre is the result of a partnership between the local Irish-speaking Blasket Island Foundation and the national Office of Public Works. The key element of the building is a long gallery or axis which links the entrance, via ramps, to the exhibitions elements, with a magnificent view of the Great Blasket Island. This gallery runs parallel to the existing field wall pattern, and is itself built like a wall with local stone. Irish is the third oldest written European language after Greek and Latin.

This building marks the entrance to a 5,000-year-old neolithic habitation. It houses interpretative exhibitions, audio-visual theatre and tea room. A unique challenge was presented in sympathetically placing a building in this beautiful and sensitive environment. The architect's response was influenced by the traditional use of simple, strong forms; familiar examples are the Martello towers and lighthouses on the coastline. The pyramid shape was selected, a unified peak growing out of the bog to form a natural extension of the landscape. The landscape and building join and are connected by the external steps.

ST PETER'S PORT, ATHLONE, CO WESTMEATH

MICHAEL V CULLINAN,
NATIONAL BUILDING AGENCY, 1993

Le projet de St Peter's Port se situe sur la rive ouest du fleuve Shannon, sur un ancien terrain vague au centre de la ville d'Athlone. Le projet fut conçu comme un projet-pilote, établissant les règles de conception pour la regénération urbaine de cette partie dégradée de la ville. Sur ce terrain, le NBA, une agence d'économie mixte, conçut et finança un projet résidentiel privé. Un immeuble de six appartements et sept maisons de ville créent une rue incurvée qui relie la ville à la rivière.

St Peter's Port is located on the western bank of the River Shannon, on a previously derelict waterfront site in the centre of Athlone. The development was conceived as a pilot project to set design standards for the urban regeneration of this run-down area of the town. The NBA, as a semi-state company, designed and financed a private-sector residential development on this site. The development includes six apartments and seven family town houses, forming a curved street as a new connection between the town and the river.

MILLER'S AND BROWN'S COTTAGES, ANNESTOWN, CO WATERFORD

MADIGAN & DONALD ARCHITECTS, 1993

'Imaginez une retraite dans le désert lorsque vous construisez une maison à l'intérieur des murs de la ville. Votre maison est votre corps étendu. Elle s'épanouit au soleil et s'endort dans la silence de la nuit, et en rêve, elle quitte la ville pour un bosquet ou le haut d'une colline. Votre maison ne doit pas être une ancre, mais un mât et elle ne doit pas garder vos secrets ni protéger vos possessions les plus chères, elle habite un chateau dans le ciel ayant pour porte la brume de l'aube et pour fenêtres les chants et les silences de la nuit.'
— *Le Prophète* par Kalil Gibran

'Build of your imagining a bower in the wilderness ere you build a house within the city walls. Your house is your larger body. It grows in the sun and sleeps in the stillness of the night, and in dreams leaves the city for grove or hilltop. Your house shall be not an anchor, but a mast, and shall not hold your secret nor shelter your longing for that which is boundless in you, abides in the mansion of the sky, whose door is the morning mist and whose windows are the songs and the silences of night.'
— from *The Prophet* by Kalil Gibran

THE BECKETT THEATRE, TRINITY COLLEGE, DUBLIN

DE BLACAM AND MEAGHER ARCHITECTS, 1993

Le Théâtre Beckett se situe dans l'angle Nord-Est du New Square, dans un endroit appelé The Narrows. Il se trouve sur le périmètre de l'ile urbaine que forme Trinity College, et c'est un théâtre universitaire destiné principalement à la Faculté d'Art Dramatique pour ses cours de théâtre et de formation au jeu d'acteur. Le programme est consisté de trois éléments: les bureaux et les salles de cours de la Faculté logés dans un bâtiment restauré sur Pearse Street; le Théâtre Beckett avec son dock et ses stockages au centre; la tour en chêne, avec le foyer du Théâtre Beckett au rez-de-chaussée et, au dessus, le théâtre du College Players ainsi qu'une salle de danse.

ASHBOURNE COMMUNITY SCHOOL, CO MEATH

NOEL DOWLEY ARCHITECT, 1994

Ce lycée se situe sur un terrain plat et exposé en bordure d'une banlieue de faible densité. Les vues depuis le site étant sans intérêt, le bâtiment possède un caractère introvertie, accentué par son plan linéaire: un mur qui tente d'empêcher l'expansion continuelle de la banlieue vers la campagne. Ses puissants volumes sculpturaux renforcent sa présence en limite du paysage. En contraste avec son extérieur clos, l'intérieur du lycée est empli de lumière, d'espace et de couleur.

This school is located on a flat, open site on the edge of a low-density, suburban sprawl development. This poor outlook determined its inward orientation. It also suggested its linear plan – an inhabited wall controlling the further encroachment of suburbia into the open landscape. Its own strong, sculptural volume is a powerful presence at the edge of this landscape. In contrast to the closed exterior face, the interior of the school is filled with light, space and colour.

The Beckett Theatre is located in a place at the north-east corner of New Square called The Narrows. It is on the perimeter of the island site of Trinity College, and is a university theatre for use primarily by the faculty of Drama Studies in theatre courses as well as acting courses. The brief accommodation consists of three elements: faculty offices and classrooms in the restored buildings on Pearse Street; Beckett Theatre, dock and storage in the centre; the oak tower, with front-of-house accommodation for the Beckett Theatre at ground floor, with College Players' theatre and dance theatre overhead.

BLACKWOOD GOLF CENTRE, BANGOR, CO DOWN

O'DONNELL AND TUOMEY, 1994

Le bâtiment, le driving range et le parking s'entrelacent pour ancrer l'ensemble dans le paysage au moyen de terrasses, de jardins, de talus et de fossés. Les éléments du programme sont ordonnés dans un groupe d'édifices ayant chacun son rôle spécifique par rapport à sa fonction et sa localisation dans l'ensemble du projet. Un mélange de materiaux, certains bruts, d'autres sophistiqués, furent utilisés: des enduits pigmentés, du bois de cèdre et des panneaux d'inox revétus de plomb se ternissant dans le temps, intégrent le bâtiment au paysage.

The building, driving range and car-parking are interrelated in order to situate the buildings in the landscape by means of terraces, gardens, hedges, embankments and cuttings. The working parts of the brief are arranged in a group of buildings, each one specific to its purpose and location in the scheme. A mixture of rustic and refined materials has been used; pigmented render, cedar and terne-coated steel will weather over time, giving a sense of integration with the landscape.

SEAPOINT GOLF CLUBHOUSE, TERMONFECKIN, CO LOUTH

BURKE-KENNEDY DOYLE & PARTNERS, 1994

Situé dans un paysage de dunes de sable, le bâtiment est conçu, telle une fortification, autour d'une cour intérieure qui le protège des vents marins. Il s'élève légèrement au dessus du paysage. Le base est un mur en grés biais à l'appareillage irregulier. Le reste du bâtiment est revêtu d'un bois irlandais brut, teinté de couleur sombre. Les toitures sont faites d'un assemblage de monopentes. Le complexe ne ressemble à rien d'autre qu'à un amas de murs et de toits, groupés à la façon d'une ferme traditionnelle.

The building is set in an exposed sand dune system and was conceived in fortification terms, designed around a courtyard which it protects from the sea breezes. It is raised a little above the surrounding landscape. The base is loose-laid battered sandstone walling. Above, the building is clad in dark-stained rough Irish timber. Roofs are a series of monopitches. The complex resembles nothing more than a huddle of walls and roofs, grouped like a traditional farmyard.

ECOHOUSE, CO CORK

PAUL LEECH, GAIA ECOTECTURE, 1994

Faisant partie d'un bois replanté sur une ancienne carrière, le projet établie une synergie avec son environnement. Située dans une clairière en pente, la cascade de fermes triangulaires maximalise la pénétration de la lumière du ciel tout en créant peu d'ombres portées. Les planchers chevauchent la pente raide, formant sous eux des espaces pour le rangement, le compostage, la pompe à chaleur et les bicyclettes. En tandem avec une chaudière à biomasse très efficace et une pompe à chaleur, le plancher de type 'sunspace hypocaust' et le mur à trombe emmagasinent la chaleur destinée à être redistribuée à travers la maison. Un bassin réfléchissant la lumière et servant de source de chaleur, est rempli par les eaux de pluie. Un système de traitement des eaux usées utilisant un lit de roseaux.

HOUSE IN DOOLIN, CO CLARE

SHELLEY MCNAMARA AND YVONNE FARRELL, GRAFTON ARCHITECTS, 1994

Cette maison est située sur un site exposé de la côte ouest de l'Irlande. Son dessin est influencé par les corps de ferme de taille moyenne communs à la région: le plan est long et étroit, de l'épaisseur d'une pièce et les murs sont simplement traités. Contrastant avec la façade plus opaque au nord, la maison s'ouvre à l'arrière, sur une cour entourée de murets protégeant du vent. La maison s'organise selon un plan ouvert, avec un vide de deux étages qui sépare le salon de réception de l'espace de la famille au rez-de-chaussée. Le projet intégre le langage traditionnel de l'architecture dans un vocabulaire moderne.

The house is situated on an exposed site in the west of Ireland. The design is influenced by the middle-sized farmhouses common to the area – long and narrow in plan, one room deep, with a plain surface wall treatment. In contrast to the more solid elevation to the north, the rear of the house opens out to a courtyard with free-standing walls, which act as wind screens. The plan of the house is free and open, with a double-height glazed void separating the formal living from the family room at ground level, and separating the master bedroom from the children's rooms at first-floor level. This project absorbs the traditional architectural language into a modern idiom.

As a part of a permaculture habitat in restored woodland, the design works synergistically with its surroundings. On a knoll, the stepped A-frame maximises skylighting and casts minimum shadows. The floor platforms step across the steep slope, forming undercroft spaces for storage, composting, heat pump, bicycles. The hypocaust sunspace floor and trombe wall store heat for circulating within the house, in tandem with high-efficiency biomass stove and heat pump. The reflecting pool, used as a heat source, is replenished by rainwater. A reed bed waste-water treatment system within the site enriches its ecology.

LIBRARY, CORK REGIONAL TECHNICAL COLLEGE

DE BLACAM AND MEAGHER ARCHITECTS
IN ASSOCIATION WITH BOYD BARRETT MURPHY
O'CONNOR, 1995

La bibliothèque est la première phase d'une rue en arc de cercle de 130m de long. Elle regarde le sud et crée un nouveau quadrilatère avec l'école. La bibliothèque rassemble 70 000 livres et accueille 500 postes de lectures. Des amphithéâtres et une médiathèque compléteront l'arc de cercle. Le plan de la bibliothèque resulte de la mise en valeur des rayonnages de livres formant galeries d'étude. Un passage de haute taille traversant les rayonnages amène à la salle de lecture, où les périodiques se trouvent sur une galerie le long du mur courbe.

FAMINE MUSEUM, STROKESTOWN PARK HOUSE, CO ROSCOMMON

ORNA HANLEY ARCHITECTS, 1994

Le parc de Strokestown est un exemple-type de domaine rural du gentleman farmer au début du XVIIIᵉ siècle. La résidence fut construite aux environs de 1730 pour Thomas Mahon MP dont la famille reçut des terres à Strokestown au cours du XVIIᵉ siècle. Le musée commémore la Grande Famine des années 1840, et est abrité dans les quatre écuries s'étendant au sud de la demeure. Il assemble des bâtiments d'époque à des interventions modernes.

Strokestown Park is an example of an early 18th-century gentleman farmer's country estate. The house was constructed in the 1730s for Thomas Mahon MP, whose family had been granted lands at Strokestown in the 17th-century. The museum commemorates the Great Irish Famine of the 1840s, and is housed in the four stable yards running south of the main house. It utilises a combination of existing period buildings and modern interventions.

The library is the first phase of a 130m crescent. It faces south and forms a new quadrangle for the college. The library will house 70,000 volumes and provide 500 study places. Lecture theatres and information technology will form the second phase of the crescent. The plan of the library is derived from the magnification of the book stack to form galleried study spaces. A tall passage through the stacks gives way to the reading room, with periodicals on the gallery of the curved wall of the crescent.

TEMPLE BAR GALLERY AND STUDIOS, TEMPLE BAR, DUBLIN

McCullough Mulvin Architects, 1994

Le projet fut conçu pour répondre à l'esthétique industrielle existante et former l'angle de rue de Temple Bar et Lower Fownes Street. Ce point focal sera vu depuis la nouvelle place de Temple Bar, et le bâtiment crée un angle musclé, haut de quatre étages sur sous-sol. Trente ateliers d'artiste de taille diverse ont été réalisé. Un ensemble de formes prismatiques, derivé de la peinture cubiste du début du XXe siècle, relie le nouveau bâtiment à l'ancien au niveau du couronnement.

The building is designed in sympathy with the existing early industrial aesthetic, and forms the corner of Temple Bar and Lower Fownes Street. This focal point will be seen from the new Temple Bar Square, and the building provides a muscular corner, four-storeys high over a basement. Thirty artists' studios in a range of sizes have been provided. A new landscape of prismatic forms, derived from cubist painting of the early modern period links the new and old buildings at roof level.

THE GREEN BUILDING, TEMPLE BAR, DUBLIN

Murray O'Laoire Associates, 1995

Le Green Building naquit d'un projet prototype de démonstration et de recherche initié au travers du programme Thermie de l'UE. Le bâtiment comprend huit appartements de taille variée, des bureaux et des commerces. La combinaison d'un plan traditionnel et de technologies avancées place le bâtiment à part. Visant à être à 80% auto-suffisant en énergie, le bâtiment utilise des éoliennes, des cellules photo-voltaïques et l'utilisation de ressources géo-thermales. Un système informatisé de gestion du bâtiment synchronise l'apport de chaleur des différents procédés. Le système peut fonctionner à l'envers pour raffraichir le bâtiment.

The Green Building originated as a generic proposal for a demonstration/research project through the EU Thermie Project. The building comprises eight apartments of different sizes, offices and retail space. The combination of a traditional plan form in advanced technology sets the building apart. In seeking to be 80% energy self-sufficient, the building uses wind turbines, photovoltaic cells, and geo-thermal heat sources. A computerised building management system which is linked to the meteorological service synchronises the supply of heat from the various devices. In turn, the concept can work in reverse mode for cooling.

APARTMENT DEVELOPMENT, DEAN ST / PATRICK ST, DUBLIN

FITZGERALD REDDY & ASSOCIATES, 1994

Cet immeuble se situe au coeur du Dublin médiéval, entre l'église de Christchurch et la Cathédrale de St Patrick. Il constitue peut-être, depuis l'époque des domaines de Pembroke et Gardiner, une des seules opportunités qu'a pu avoir un unique promoteur de recréer la façade d'une rue entière. Le langage architectural adopté consiste en un simple mur de briques, perforé de fenêtres et animé de baies en retrait, l'étage du bas étant enduit. Celà donne un poids naturel au traitement simple de la façade. Les rez-de-chaussée sont surèlevés d'un demi-niveau afin de créer de l'intimité, sans pour autant être trop défensif au niveau du trottoir.

This development is situated in the heart of medieval Dublin between Christchurch and St Patrick's Cathedral, and could be one of the sole opportunities to recreate a street frontage by a single developer since the times of the Pembroke or Gardiner estates. The architectural language adopted is a simple brick wall, perforated with fenestration and relieved with recessed bays, the bottom storey being plaster finish. This gives a natural weight to the simple elevational treatment. Ground floors are raised a half level to provide privacy, yet don't appear too defensive from footpath level.

THE PRINTWORKS, TEMPLE BAR, DUBLIN

GROUP 91 ARCHITECTS / DEREK TYNAN ARCHITECTS, 1994

Le projet de dix appartements et quatre ateliers/commerces s'organise autour d'une cour surélevée, créant en coupe un moyen de réhabiter les étages supérieurs du tissu urbain. En dessous, une série indépendante de boutiques et de locaux commerciaux exploitent la façade sur rue. Au dessus, l'intérieur du bloc est transformé en un espace semi-privé. La cour sert d'intermédiaire entre trois bâtiments différents – le premier bâti derrière une façade conservée, le second complètement rénové, le dernier étant une nouvelle insertion.

The project of ten apartments and four studio/retail units is organised around a raised court, which provides a sectional means of reinhabiting the upper floors of the city fabric. Below, a series of independent shops and commercial uses exploit the street frontage. Above, the interior of the block is transformed into a semi-public space. The court mediates between the three different buildings – one rebuilt behind a retained façade, a second completely retained, and a third new infill building.

Le depôt de fret de Dundalk se situe sur un terrain dégagé voisin de la gare de Clark Station dont les montagnes de Mourne forment la spectaculaire toile de fond. Le poste de contrôle accueille des locaux pour cinq personnes et une cantine pour les conducteurs de passage. La forme inhabituelle de la toiture protège les contrôleurs des éléments tout en laissant libre le gabarit nécessaire aux camions. Comme lieu de travail, le bâtiment est visuellement stimulant grâce aux éléments propres au design des transports et aussi par son utilisation de matériaux modernes.

Bus Forecourt and Passenger Shelter, Dundalk, Co Louth

David Hughes and Irene Coveney, Iarnrod Éireann Architects, 1994

Ce projet pour une gare routiere est un projet unique qui propose une solution alternative aux abris standards. La gare, avec sa structure en bois lamellé-collé et ses articulations exposées d'acier, mesure 16m de longeur, 4,8m de largeur et 3,6m de hauteur. L'aire de stationnement des bus est tramée de pavés gris-charbons et blancs, dont le motif alterne entre l'espace des bus et l'espace des piétons. L'éclairage artificiel de l'espace assure une animation visuelle nocturne aussi intéressante que celle du jour.

This project for a passenger shelter is a one-off design using an alternative to standard shelters. The shelter is a 16m-wide, 4.8m-deep and 3.6m-high 'glulam' structure with exposed steel connections. The bus forecourt is laid out in a 'pin grid' geometric patter of charcoal grey and custom white paviors, alternating between bus bays and pedestrian areas. Creative lighting ensures that the space is as visually interesting by night as it is by day.

Dundalk Freight Depot is located on an open site close to Clarke Railway Station, with the Mourne Mountains providing a dramatic backdrop. The check-in office provides accommodation for five staff, as well as canteen facilities for any drivers using the depot. The unusual roof profile protects checkers from the elements while giving the necessary clearance height for trucks. The building provides a visually stimulating workplace, drawing on elements of transport design and using modern materials.

BLACK CHURCH PRINT STUDIOS, TEMPLE BAR, DUBLIN

McCULLOUGH MULVIN ARCHITECTS, 1995

Le bâtiment cherche à réparer un morceau de rue en comblant une dent creuse dans le tissu urbain, recréant la pièce manquante du réseau dense des bâtiments et des rues environnantes. Ces voisins de diverses époques – XVIIIe, XIXe et XXe siècle – sont tous de caractères différents. Son architecture est contemporaine, quoique respectueuse des hauteurs d'acrotère, de l'échelle et de la taille des plots, de ce fait, il devient un acteur moderne quoique sensible du tissu urbain de Temple Bar.

The building aims to repair a piece of street by filling in a space in the urban fabric, giving back the lost piece to the dense network of buildings and streets of the area. Its neighbours are diverse – 18th, 19th and 20th-century buildings, all of different character. This building is contemporary, yet respectful of parapet heights, scale and plot sizes, so it becomes a modern yet sensitive contributor to the urban fabric of Temple Bar.

SPRANGERS YARD, TEMPLE BAR, DUBLIN

BURKE-KENNEDY DOYLE & PARTNERS, 1994

Dans cette réalisation se trouvent, sur trois niveaux, vingt-sept appartements groupés autour d'une cour communale en longueur, placée sur une base qui contient treize commerces. Ayant observé des projets similaires en Europe et en Irlande, les architectes aménèrent ce concept permettant d'intégrer de façon satisfaisante, une opération de taille relativement importante dans un quartier commercial dégradé de petite échelle.

This development provides twenty-seven two-bedroom apartments over three floors, grouped around a first-level, elongated communal courtyard over a ground-floor retail base of thirteen shops. The design response is an interpretation of how best to use a relatively large building group to repair a small-scale, run-down commercial area. The architects drew on examples from Europe and Ireland.

IRISH LINEN CENTRE AND LISBURN MUSEUM, LISBURN

CHAPLIN HILL BLACK DOUGLAS ARCHITECTS, 1995

Le musée du lin de Lisburn est un excellent exemple d'un bâtiment ancien et d'un bâtiment nouveau formant une identité cohérente. Le défi inhérent à ce genre de projet fut maîtrisé avec succès, chaque partie contrastant avec l'autre sans l'affaiblir. L'espace intérieur qui s'appuie sur le mur d'origine du XVIIᵉ siècle mêle créativement le passé et le présent.

The Linen Centre in Lisburn is an excellent example of the conjoining of an old and a new building to produce a coherent entity. The challenge inherent in such a project has been successfully handled, each part contrasting with but not diminishing the other. The interior space which incorporates the original 17th-century wall is a creative mixture of past and present.

PRIVATE RESIDENCE, ROEBUCK, DUBLIN

DEREK TYNAN ARCHITECTS, 1995

Il s'agit de l'agrandissement et de la conversion en résidence privée d'une bibliothèque formant l'extension d'une maison Victorienne. Le projet s'articule autour de deux entités séparées – la restauration fidèle de l'espace de la bibliothèque et une addition sur deux niveaux abritant les chambres et les espaces de vie supplémentaires. L'échelle dans son addition, son dynamisme spatial interne et le volume de sa toiture reinterprète la bibliothèque originale.

The project is for the renovation and extension of a library extension of a Victorian house as a private residence. The project is created around two separate entities – the refurbishment as a conservation project of the original library space, and a two-storey addition to accommodate bedrooms and further living/studio space. The addition in its scale, internal spatial dynamic and roof volume refer to a reinterpretation of the original library.

CIVIC OFFICES, WOOD QUAY, DUBLIN

SCOTT TALLON WALKER ARCHITECTS, 1995

Les tours existantes, bâties au milieu des années 80, constituaient les éléments dominants du terrain et le nouveau bâtiment devait en tenir compte et refléter leur présence tout en restaurant le tissu ravagé de l'architecture des quais. La solution retenue s'étage graduellement depuis la hauteur des quais pour se relier aux tours existantes, tout en préservant les vues importantes sur la cathédrale de Christchurch et le palais de justice de Four Courts. Cette gradation de l'échelle depuis la rivière amenuise la domination des tours existantes vues depuis les quais

The existing towers, built in the mid-eighties, were dominant forms on the site, and the new buildings had to relate to them and reflect their presence, while restoring the torn fabric of the riverfront architecture. The design solution restored the scale of architecture to the riverfront, gradually rising in scale to link to the existing towers, while maintaining the important vistas to Christchurch Cathedral and the Four Courts. This gradual rise in scale from the river diminishes the dominance of the original towers from the river views.

THE NATIONAL MUSEUM OF IRELAND AT COLLINS BARRACKS, DUBLIN

GILROY MCMAHON ARCHITECTS, 1995

La Caserne Collins à Dublin, la plus ancienne caserne en activité en Europe, deviendra au cours des prochaines années, la nouvelle résidence du Musée National d'Irlande. La phase 1 se situe dans la magnifique Cour Clarke et occupe deux des bâtiments existants, créant 7000m² d'espace muséographique complètement équipé. Les nouveaux services sous forme de gaines discrètes s'insèrent dans le tissu robuste du bâtiment original, créant un dynamisme riche dans ce qui fut une typologie des plus basiques.

Collins Barracks in Dublin, the oldest occupied military barracks in Europe, is set to become over the next few years the new home for the National Museum of Ireland. Phase 1 is located on the magnificent Clarke Square and includes the conversion of two of the existing buildings to provide 7,000m² of fully serviced museum facility. The insertion of the new services are incorporated within the form of a smooth sleeve within the robust fabric of the original building. This creates a dynamic or richness within what was a very basic building type.

GROUP 91 ARCHITECTS / SHANE O'TOOLE AND
MICHAEL KELLY ARCHITECTS, 1995

Le centre culturel pour enfants, le premier en Europe, abrite un auditorium de 150 places, une galerie et un atelier sous le toit. Son empreinte au sol, son plan, sa coupe at son rhytme structurel commémorent le Meeting House des Presbytériens, disparu depuis longtemps, qui occupa le site en 1725. La façade sur la place de Meeting House Square s'ouvre à l'aide d'un rideau de scène géant (un écran pliant par Calatrava), qui rend possible le 'don à la ville' fait par l'Arche: un scène pour l'organisation d'évènements en plein-air dans le plus récent espace urbain de Dublin.

Europe's first cultural centre for children contains a 150-seat amphitheatre, gallery and attic workshop. The Ark's footprint, plan, section and structural rhythm recall the long-vanished Presbyterian Meeting House (1725) which originally occupied the site. The façade to Meeting House Square features a giant theatre curtain (a Calatrava folding screen), facilitating the Ark's 'gift to the city' – a stage for open-air events in Dublin's newest urban space.

THE MUSIC CENTRE,
TEMPLE BAR, DUBLIN

GROUP 91 ARCHITECTS / McCULLOUGH
MULVIN ARCHITECTS, 1996

Le Centre de la Musique naquit des besoins existants sur ou aux allentours du site où une industrie locale s'était dèveloppée. Il abrite des bureaux pour les activités liées à la musique, des salles de cours et des salles de répétition. A ce programme intêressant fut ajoutée une salle de concert de 350 places. Des demandes si disparates combinées aux exigences de son et de silence requièrent une isolation forte entre les différentes fonctions et une architecture relativement fermée de type 'boite dans la boite'.

The Music Centre grew out of existing requirements on or near the site where an indigenous industry had grown up. It contains offices for music-related activities, training rooms and band rehearsal rooms. The vibrant brief was complemented by the addition of a music hall for 350 people. Such disparate uses with conflicting requirements for sound and silence required heavy isolation between uses and a relatively closed architecture of box-in-box construction.

ARTHOUSE, MULTI-MEDIA CENTRE FOR THE ARTS, TEMPLE BAR, DUBLIN

GROUP 91 ARCHITECTS / SHAY CLEARY ARCHITECTS, 1995

La Maison des Arts s'élève sur quatre étages et un sous-sol et intègre un immeuble existant du XIXᵉ siècle. Il abrite le premier espace multi-média en Irlande, et est destiné à accueillir des expositions, des installations et des performances. Le projet forme l'un des côtés de la nouvelle Rue Incurvée. Son centre, plus transparent, souligne le vide à l'intérieur de l'îlot urbain, et permet à la lumière du Sud de pénétrer jusqu'à la rue. Architecturalement, le projet s'exprime par un serie d'espaces liés volumétriquement du sous-sol au troisième étage.

Arthouse is a four-storey-over-basement building, incorporating an existing 19th-century house. It will house the first Irish multi-media exhibition/installation/performance space. The project forms one side of the new Curved Street. It has a transparent centre, corresponding to the void of the city block, and allows south light to penetrate through the façade to the new street. In architectural terms, the project is a volumetrically connected series of spaces from basement to third floor.

MEETING HOUSE SQUARE, TEMPLE BAR, DUBLIN

GROUP 91 ARCHITECTS / PAUL KEOGH ARCHITECTS

Nouvelle place piétonne au coeur de Temple Bar, Meeting House Square fut conçue comme une 'pièce' urbaine à ciel ouvert. Elle se situe au point de convergence de trois axes piétonniers majeurs: Dame Street, la Rue Incurvée et un futur pont: le Poddle Bridge. Dans ce quartier culturel, la place est destinée à être de première importance pour les performances en plein-air. La place est entourée d'équipements culturels nouveaux, dont l'Arche, centre culturel pour enfants, le Centre du Film Irlandais, les Archives Photographiques Nationales, la Galerie de Photographie et l'Ecole de Théâtre du Gaiety.

Meeting House Square, a new pedestrianised square at the heart of Temple Bar, was designed as an outdoor room for the city. It is located on the converging axes of the three main pedestrian routes through the area: Dame Street, Curved Street and the proposed Poddle Bridge. It is intended to be the prime outdoor performance space in the Temple Bar cultural district. The square is surrounded by a cluster of new cultural facilities, including the Ark, the children's cultural centre in the former Presbyterian Meeting House; the Irish Film Centre; the National Library Photographic Archive; the Gallery of Photography and the Gaiety School.

CROKE PARK REDEVELOPMENT, DUBLIN

GILROY MCMAHON, 1995

Le futur du stade concerne la sécurité, le confort, la clarté et une festivité extravertie. Il s'agit également d'engager le public dans une relation complexe qui va bien au delà du simple fait de donner des sièges aux spectateurs. L'échelle et la gradation de l'échelle sont les clès de l'insertion d'un bâtiment dans son environement urbain lorsque sa masse écrase ses voisins. Le bâtiment se compose de couches superposées exprimant la base, le milieu et le couronement. Un nouveau monument pour Dublin.

The future sports stadium is about safety, comfort, clarity and extrovert festivity. It is also about engaging the public in a complex relationship which goes way beyond merely providing seats for spectators. Scale and degrees of scale are the key to inserting a building into an urban environment where its mass dwarfs its neighbours. The building is composed in overlapping layers of expression at base, middle and top. A new landmark for Dublin.

DUN LAOGHAIRE HARBOUR FERRY TERMINAL, CO DUBLIN

BURKE-KENNEDY DOYLE & PARTNERS, 1996

Ce terminal maritime moderne se situe près de Dublin, dans une ville portuaire à l'architecture Edwardienne. Le bâtiment est destiné à accueillir le plus grand et le plus rapide catamaran au monde, tout en fournissant le niveau de confort et de fonctionnement des transports aériens. Le projet crée un nouvel espace public qui le relie au reste de la ville ancienne. La façade revêtue de pierre naturelle et de panneaux de métal de couleur blanche, comprend également une structure de toile tendue formant porte cochère.

This is the development of a modern ferry terminal in an Edwardian waterfront setting close to Dublin city. It is designed to accommodate the largest high-speed catamaran-type vessel in the world, and provide airline standards of comfort and ease of use. The scheme creates a new civic space linking to the old town. The building is finished in white metal panelling and natural stone, and also incorporates a new teflon tent structure as a *porte cochère*.

THE VIKING MUSEUM, DUBLIN

GILROY McMAHON ARCHITECTS, 1996

L'adaptation d'une série de bâtiments du XIXᵉ siècle fut entreprise pour créer un musée Viking. Cette ensemble comprend notamment l'église abandonnée et déconsacrée de SS Michael et John, un exemple du début du revival gothique datant de 1815 possédant un beau plafond gothique fait de voûtes en éventail disposées de façon perpendiculaire. Un théâtre de type 'boîte noire' fut inséré dans la crypte supérieure afin de permettre un retour à l'utilisation originale. L'ensemble comprend des fresques sur le thème Viking.

An adaptation of a range of 19th-century buildings, including SS Michael and John's – an early 1815, Gothic revival, abandoned and deconsecrated church with a fine perpendicular Gothic fan-vaulted ceiling – was undertaken to form a Viking museum. A 'black box' theatre has been inserted into the upper crypt, so as to allow for any future return to original use. The early complex includes murals on the Viking theme.

TURF HOUSE, CO MAYO

PAUL LEECH, GAIA ECOTECTURE, 1996

Ce projet examine les problèmes d'écologie, d'énergie, d'hygiéne et d'art. La forme libre assymétrique, avec sa trame structurelle en troncs d'arbres issus de forêts gérées, exploite l'artisanat du bois, de la pierre locale et de la tourbe. Les énergies renouvelables – soleil, houle et vent – abondent et le projet utilise le chauffage passif solaire en tandem avec une chaudière à biomasse ainsi qu'un chauffage sous plancher de type 'hypocaust'. Des matériaux de construction thermiquement efficace, non toxique, de fabrication peu énergivore et esthétiquement appropriés sont employés. Ensemble, ils contribuent à la qualité de la vie.

This design addresses issues of ecology, energy, health and art. The free-form asymmetric web-frame of roundpole thinnings from sustainable forestry employs craft-building techniques in timber, local stone and turf. Renewable energies – solar, wind and wave – are abundant, and the design uses passive solar heating in tandem with high-efficiency biomass stove and underfloor hypocaust heating. Low-embodied energy non-toxic building fabric is employed, highly thermally efficient and aesthetically appropriate. All contribute to quality of life.

THE COUNTDOWN 2000, RIVER LIFFEY, DUBLIN

HASSETT DUCATEZ ARCHITECTS, 1996

La série de chiffres lumineux flotte juste sous le niveau de l'eau dans la Liffey, entraînée par le flux et le reflux de la marée, maintenue en équilibre par un simple bras articulé. Seule la lumière des nombres est visible, constante et changeante à la fois, comptant à rebours les secondes jusqu'à l'an 2000. Les roseaux, mémoire de la végétation des berges, ondulent délicatement dans le vent, émettant chacun un son toutes les dix secondes – le cri d'une mouette, le boniment d'un marchand de rue, la puissance d'une corne de brume, rappelant des sons familiers de Dublin, passés et présents.

The number sequence floats just below the level of the water in the Liffey, washed by the ebb and flow of the tide, and kept in equilibrium by a simple steel restraining arm. Just the numbers, inscribed in light, are visible, constant and ever-changing, the countdown of seconds to the year 2000. The reeds, reminiscent of vegetation on river banks, wave delicately in the wind, each emitting a sound every ten seconds – the shriek of a seagull, the cry of a street seller, the blast of a foghorn – recalling familiar Dublin sounds, past and present.

CONSTRUIRE À LA FRANGE DE L'EUROPE

SEÁN O'LAOIRE

BUILDING ON THE EDGE OF EUROPE

CONSTRUIRE À LA FRANGE DE L'EUROPE

Si Dieu a inventé le whisky pour empêcher les irlandais de dominer le monde, qui a alors inventé l'Irlande?

Une réponse évidente est qu'il s'agit peut-être tout simplement des irlandais, une vérité suggérée par ces mots Sinn Féin (Nous Seuls, en gaélique) qui devint synonyme du mouvement nationaliste d'indépendance. Ce mouvement conçut le peuple irlandais comme une communauté historique s'étant façonnée une identité bien avant l'ère du nationalisme moderne et de l'État-Nation. Nombreux sont les textes de langue gaélique qui confirment cette thèse et qui attestent aussi de l'extraordinaire capacité de la société irlandaise à assimiler de nouveaux éléments tout au long de ses différentes phases. Loin de fournir une base à des doctrines de pureté raciale, ils se complaisent plutôt dans le fait que 'l'identité soit rarement de nature simple et acquise d'office' mais bien plutôt le résultat d'échanges et de négociations.

Sitôt ceci admit qu'une seconde réponse à la question posée s'impose d'elle-même: les anglais ont aidé à inventer l'Irlande, de même que les allemands ont contribué à nommer et à établir l'identité de la France. Pendant des siècles l'Irlande servit de faire valoir à la mise en valeur des vertus anglaises, en tant que 'laboratoire dans lequel pouvaient se conduire des expériences' et comme 'royaume féerique dans lequel on pouvait y rencontrer fées et monstres.'

— Declan Kiberd
Inventing Ireland: the Literature of the Modern Nation

D ans le contexte de l'Imaginaire Irlandais mais aussi dans la réalité quotidienne de l'acte d'architecture dans la périphérie de l'Europe, la question se pose de savoir ce qui donne (s'il y a lieu) à l'architecture irlandaise son caractère spécifique. Le paragraphe d'ouverture de la monumentale analyse critique de Declan Kiberd dans *Inventing Ireland: the Literature of the Modern Nation*, est pertinent. C'est avec une certaine liberté (et avec respect) que je suggère que si cet essai avait été intitulé 'Inventer l'Irlande: l'Architecture de la Nation Moderne', la substance des questions posées par Kiberd (et ses réponses) serait tout aussi valable. Cependant, sans pour autant renier l'hommage rendu par l'éminent architect français Bernard Tschumi au roman *Finnegans Wake* de James Joyce, comme étant un des chefs-d'oeuvre de l'architecture du XXe siècle (nous y reviendrons plus tard), architecture n'est pas littérature.

La spécificité de l'architecture (en un lieu donné) tient autant de la géographie, du climat et de la géologie que de la culture. L'architecture a toujours eu, et aura toujours, une dimension iconographique. La renaissance du nationalisme irlandais au XVIIIe et XIXe siècle, utilisa un archétype de l'architecture irlandaise, la tour ronde, comme faisant partie de ses emblèmes, aux côtés de la harpe et du trèfle.

Cet itinéraire personnel à travers l'architecture irlandaise ne répondra pas à la question concernant l'unicité de l'architecture irlandaise, mais risque au contraire de frustrer certains lecteurs en posant d'avantage de questions qu'il n'apporte de réponses. Espérons qu'il mettra en relief les forces 'd'échanges et de négociations' qui façonnent l'architecture irlandaise. Cet itinéraire ne prétend pas être exhaustif. Les travaux servant d'illustration aux textes ont été sélectionnés, dans leur majeur partie, précisément pour cette raison et non nécessairement sur une base qualitative.

Je suis redevable de la générosité de certains collègues, en particulier à l'érudition du Dr Seán Rothery, de Niall McCullough, de Valerie Mulvin, de James Howley, du Dr Paul Larmour et du Dr Declan Kiberd, parmi ceux ayant contribué à éclairer le passé et le présent de l'Irlande. Je suis également immensément redevable aux Archives Architecturales Irlandaises, à l'OPW, et au Comte de Rosse. Je tiens également à spécialement remercier Orla O'Sullivan et Debbie Hill.

BUILDING ON THE EDGE OF EUROPE

If God invented whiskey to prevent the Irish from ruling the world, then who invented Ireland?

The obvious answer might be the Irish, a truth suggested by those words Sinn Féin (ourselves) which became synonymous with the movement for national independence. That movement imagined the Irish people as a historic community, whose self image was constructed long before the era of modern nationalism and the nation-state. There are many texts in the Irish language to bear this thesis out, but what they also register is the extraordinary capacity of Irish society to assimilate new elements through all its major phases. Far from providing a basis for doctrines of racial purity, they seem to take pleasure in the fact that 'identity is seldom straightforward and given', more often a matter of negotiation and exchange.

No sooner is that admitted than a second answer to the question suggests itself: that the English helped to invent Ireland, in much the same way as Germans contributed to the naming and identification of France. Through many centuries, Ireland was pressed into service as a foil to set off English virtues, as 'a laboratory in which to conduct experiments,' and as a 'fantasy-land in which to meet fairies and monsters'.

— Declan Kiberd
Inventing Ireland: the Literature of the Modern Nation

In the context of l'Imaginaire Irlandais, and, indeed, in the daily reality of making architecture on the periphery of Europe, the question of what (if anything) gives a distinctive character to Irish architecture is posed. The opening paragraph of Declan Kiberd's monumental critical analysis, *Inventing Ireland: the Literature of the Modern Nation*, (Jonathan Cape, London, 1995) is apposite. With some licence (and homage), I submit that if this essay was titled 'Inventing Ireland: the Architecture of the Modern Nation', that the substance of Kiberd's questions (and answers) would be equally applicable. Architecture, however, is not literature, notwithstanding the eminent French architect Bernard Tschumi's homage to James Joyce's *Finnegans Wake* as one of the great works of 20th-century architecture (more of which later).

The character of architecture (in a given location) is as much a function of geography, climate and geology as it is a function of culture. Architecture always has and will always have an iconographic dimension. Resurgent Irish nationalism in the 18th and 19th century invoked an archetypal Irish architectural image – the round tower – as part of its ensemble of emblems, together with the harp and shamrock.

This personal voyage through Irish architecture will not answer the question of the uniqueness of Irish architecture; indeed it may frustrate the reader by asking more questions. It will, hopefully, illustrate the forces of 'negotiation and exchange' that shape Irish architecture. This voyage has no pretensions to being comprehensive. For the most part, the works illustrating and complementing the text are selected for precisely that reason, and not necessarily on a qualitative basis.

I am indebted to the generosity of colleagues, and particularly to the scholarship of Dr Seán Rothery, Niall McCullough, Valerie Mulvin, James Howley, Dr Paul Larmour and Dr Declan Kiberd among many others who are contributing to the illumination of Ireland's past and present. I am also hugely indebted to the Irish Architectural Archive, the Office of Public Works and the Earl of Rosse. A special thanks to Orla O'Sullivan and Debbie Hill.

FANTOMES ET STÉRÉOTYPES

Nombre de commentaires sur la culture irlandaise invoquent les cycles historiques: qu'il s'agisse de références faites aux spirales celtiques, aux anciennes sagas folkloriques cycliques, ou même de la nature cyclique de l'*Ulysses* de James Joyce. En préparant cet itinéraire personnel, j'ai consciemment résisté à l'invocation de telles métaphores. Cependant, il est difficile de ne pas donner quelque crédibilité à ces notions lorsque l'on analyse certaines des constructions historiques pré-chrétiennes. Le débat au sujet de l'architecture en Irlande atteint son paroxysme lorsque le sujet des centres de visiteurs ou centres interprétatifs fut abordé. Cette nouvelle typologie de l'architecture irlandaise en général questionne les architectes et le public sur les relations entre le présent et le passé, s'attaquant souvent à des croyances profondément ancrées. Le fait que la plupart de ces bâtiments relient paysages et thèmes historiques, dénote un déplacement métaphorique et sémantique dans la relation entre l'Irlande, son passé et son paysage. A une autre niveau, ils offrent un fil de continuité avec ce passé, et offrent parfois aussi une histoire vérifiable en lieu de croyances au fondement tribal et subjectif. Si une Irlande romantique meurt à l'issue de ce processus, ce ne sera peut être pas si mal.

La référence que fait Kiberd au rôle historique de l'Irlande comme 'laboratoire dans lequel pouvaient se conduire des expériences' fournit d'utiles précisions sur la réalité historique fondamentale de l'Irlande: l'île d'Irlande était (et est) un produit de son rôle de laboratoire proto-colonial et, fait unique en Europe occidentale (du moins en partie), de laboratoire post-colonial. Cette réalité, associée à une situation géographique périphérique et une taille relativement petite, résume les grandes lignes de l'architecture irlandaise.

L'esquisse qui suit, illustre une partie de cette réalité historique. En 1811, au moment où la conception architecturale propre à l'oligarchie anglo-irlandaise dominante atteint son apothéose avec la construction des grandes demeures hiberno-palladiennes et la réalisation d'ensembles urbains remarquables, naquit César Daly, petit-fils d'un officier irlandais en service en France. Au cours d'une carrière longue et distinguée, l'une des contributions majeures de Daly à la culture architecturale française fut la création en 1839 de la *Revue générale de l'architecture et des travaux publics*; un magazine qui se retrouva au coeur du débat sur l'architecture dans la France du XIX⁰ siècle.

Sans pour autant prétendre que Daly était irlandais, la signification de cette anecdote tient dans la présence de son

La Tour Ronde Irlandaise
(Xe au XIIe siècles)

La tour ronde, conception architecturale propre à l'Irlande, était généralement associée aux sites monastiques. On pense qu'elle était construite pour le stockage et la protection des objets et manuscrits précieux. Cette gravure provient de *Louthiana*, publié par Thomas Wright au XVIII⁰ siècle. Wright avait imaginé que ces tours rondes étaient peut-être des 'colonnes du purgatoire' ou des 'points de repère'. Une hypothèse émise par un certain M. O'Brien un siècle plus tard, suggérait que les tours rondes étaient *toutes phalliques, érigées dans l'esprit de l'antique vénération du feu en Perse, afin de vénérer le soleil, ou les propriétés viriles de l'univers, et pour étudier les orbites planétaires ... la prépondérance de l'imagination sur l'impulsion rationnelle.*

The Irish Round Tower
(10th-12th century)

A uniquely Irish architectural conception, the round tower was generally associated with monastic settlements and was presumed to have been built for storage and defence of precious artefacts and manuscripts. This engraving is from *Louthiana*, an 18th-century survey by Thomas Wright. Wright speculated that round towers may have been 'purgatorial pillars' or 'home directors' (landmarks). Another speculation, by one Mr O'Brien a century later, suggested that the round towers of Ireland were *all phallic, raised in adherence to the ancient fire worship of Persia, for the purposes of worshipping the sun, or male properties in the universe and for studying the revolutions and properties of the planetary orbs ... the preponderance of imagination over rational impulse.*

Dun Aengus, les îles d'Aran

Fort défensif datant des débuts du christanisme, littéralement construit aux confins de l'Europe. Ces formes défensives concentriques sont caractéristiques des habitations collectives irlandaises de cette époque et des périodes antérieures. Les raisons qui ont poussé les constructeurs à choisir de tels emplacements sont encore un élément du mystère et de l'énigme qui entourent les débuts de l'architecture irlandaise.

Dun Aengus, The Aran Islands

An early Christian defensive fort literally built on the edge of Europe. Concentric defensive forms characterise Irish communal habitations of the period and before. The conditions that drove its builders to such locations remain part of the mystery and enigma of early Irish architecture.

GHOSTS AND STEREOTYPES

Many commentaries on Irish culture invoke historic cycles, be they references to Celtic spirals, ancient cyclical folkloric sagas or indeed the cyclical nature of Joyce's *Ulysses*. In planning this personal voyage, I consciously resisted invoking such metaphors. However, on analysing some of the landmark buildings of pre-millennium Ireland, it is difficult not to give these notions some credence. The debate about architecture in Ireland has been at its most vibrant and heated when the subject of visitor centres or interpretive centres is raised. This new entry to Irish architectural typologies generally challenges architects and the public about the relationship of the present to the past, often confronting passionately held beliefs. The fact that so many of these buildings engage historical landscapes and themes denotes a metaphorical and semantic shift in the relationship between Ireland, its past and its landscape. At another level, they offer a thread of continuity with that past and sometimes offer verifiable history in lieu of subjective or tribally based beliefs. If romantic Ireland dies in the process, it may be no bad thing.

Kiberd's reference to the historical role of Ireland as 'a laboratory in which to conduct experiments' offers a useful précis of the essential historical reality of Ireland. The island of Ireland was (and is) a product of its role as a proto-colonial laboratory, and uniquely in western Europe (in part at least) as a post-colonial laboratory. This reality, coupled with geographical peripherality and relatively small size, frames much of the story of Irish architecture.

The following vignette illustrates some of that historical reality. In 1811, at a time when the dominant Anglo-Irish oligarchy had reached the apotheosis of its unique architectural achievements in the building of Hiberno-Palladian mansions and fine urban set pieces, the son of an Irish officer in the service of France became the father of Cesar Daly. During a distinguished and long career, Daly's defining contribution to French architectural culture was his founding in 1839 of the *Revue genérale de l'architecture et des travaux publics*, a magazine which came to be at the heart of the debate about architecture in 19th-century France.

Without claiming Daly as an Irishman, the significance of this vignette is the presence of his father in France. He, like many thousand indigenous Irish, sought service in the armies of Europe after the Treaty of Limerick in 1691 and beyond. It would not be until well into the 19th century that indigenous or (tribally) catholic architects emerged. In other words, the making of 'high' architecture for most of the last four centuries

père en France. Il avait, ainsi que plusieurs milliers d'irlandais indigènes suite au Traité de Limerick de 1691 et bien après, cherché service au sein des armées d'Europe. Ce n'est qu'une fois le XIXe siècle bien avancé que des architectes indigènes ou (triballement) catholiques émergeront. En d'autres termes, la création d'une 'haute' architecture fut pour la plupart des quatre derniers siècles la chasse gardée d'une oligarchie de domination coloniale.

Lumière a besoin d'être faite en ce qui concerne un autre des nombreux stéréotypes concernant l'Irlande et les irlandais – au moins pour ce qui est de l'architecture irlandaise. L'extrait qui suit, tiré d'une biographie de l'architecte mexicain Juan O'Gorman, illustre une tendance qui se passe de commentaires.

> *Juan O'Gorman était le fils aîné d'un père irlandais et d'une mère mexicaine, une combinaison génétique tenue de produire une prépondérance d'imagination et de fantaisie sur quelque impulsion rationnelle, condition donc favorable à un travail créatif d'une irisation fascinante de même qu'expliquant de sérieuses contradictions lors de ses énonciations théoriques.*

Le choix d'un fils de la diaspora irlandaise comme objet d'un commentaire sur les stéréotypes touchant les irlandais (et peut-être aussi les mexicains) est délibéré. Il s'agit en premier lieu d'un témoignage général sur la réussite de personnes de descendance irlandaise. Deuxièmement, cette extrait contient un pléthore de stéréotypes faisant référence à la pensée et à l'esprit irlandais et qui pourraient laisser sous-entendre l'existence d'une certaine propension à la fantaisie dans l'architecture irlandaise.

Il y a sans aucun doute des évidences de fantaisie (certaines explicites, d'autres implicites) dans l'architecture irlandaise. Le rejet par O'Gorman des canons du modernisme (il fut pour un temps un des principaux disciples de le Corbusier) au profit d'une exploration des possibilités exotiques de l'art et l'architecture aztèque, menant à une architecture uniquement mexicaine et 'nationale', est emblématique de certaines des tensions et de discours qui ont caractérisés le débat sur l'art et l'architecture irlandaise entre 1800-1925 et ultérieurement. Cependant, assimilation et adaptation, ainsi que les forces ayant façonnées cette synthèse, émergent comme les facteurs ayant généralement dominés la fantaisie – une spécificité irlandaise peut-être plus profondément représentée dans la littérature et la musique.

Au milieu des années 1970, le gouvernement irlandais organisa un concours pour la conception d'une nouvelle résidence pour le Premier Ministre (An Taoiseach, ou Chef en gaélique) devant se situer dans Phoenix Park (le Bois de

Slighe na Síoga, Sneem, Co Kerry
James Scanlon, sculpteur, 1990

Cette sculpture contemporaine fait partie d'un ensemble de constructions en pierres sèches réalisées par les maçons locales sous le directionion artistique du sculpteur James Scanlon. La technique de la pierre sèche utilisée pour ces formes primaires incarne l'esprit des débuts de l'architecture irlandaise.

Slighe na Síoga, Sneem, Co Kerry
James Scanlon, sculptor, 1990

This contemporary sculpture is part of an ensemble of dry-stone constructions, built under the artististic direction of sculptor James Scanlon by local stone masons . The dry-stone technique of the primal forms embody the spirit of early Irish architecture.

was the preserve of an oligarchy of colonial rulers.

Another bubble needs to be in burst in respect of the many stereotypes of Ireland and the Irish, at least in the manifestation of Irish architecture. The following extract from a précis on the life of the Irish-Mexican architect Juan O'Gorman illustrates a tendency which warrants comment.

Juan O'Gorman was the eldest son of an Irish father and a Mexican mother, a genetic combination bound to produce a preponderance of imagination and fantasy over rational impulse, a condition favourable to creative work of fascinating iridescence as well as complex contradictions in theoretical pronouncements.

The selection of a son of the Irish diaspora as a vehicle for a commentary on stereotypes of the Irish (and perhaps the Mexicans) is deliberate. In the first instance, it is testimony to the achievements of people of Irish extraction globally. Secondly it contains a plethora of stereotypes in respect of the Irish mind and spirit, which may invite expectations of a propensity to fantasy in Irish architecture.

There is, without a doubt, evidence of fantasy (some explicit, some implicit) in Irish architecture. O'Gorman's rejection of the canons of modernism (he was once a leading disciple of le Corbusier) in favour of exploring the exotic possibilities of Aztec art and architecture, leading to a uniquely Mexican, 'national' architecture, is emblematic of some of the tensions and debates which characterised the debate on Irish art and architecture between 1800 and 1925, and beyond. However, assimilation and accommodation and the forces that shaped that synthesis will emerge as the factors that generally dominate over fantasy – an Irish characteristic perhaps more profoundly represented in literature and music.

In the mid-1970s, the Irish government sponsored a competition for the design of a new residence for the Irish Prime Minister (An Taoiseach) to be located in the Phoenix Park (the Bois de Boulogne of Dublin). The project, which was never implemented for a complex range of reasons, produced a diverse range of responses. The competition was won by the distinguished English firm of Evans & Shalev (we are fair people!). However, I have a strong memory of one entry which proposed a residence in the form of a *lios* or *rath*, both Gaelic words for an ancient fortified settlement, generally formed with concentric defensive walls.

If nothing else, this entry (which was highly competent) was proof that the impulse to reclaim Irish prehistory was alive and well in the 1970s. The patina of prehistoric and medieval memory will be seen to be a strong evocative force in evolution of Irish architecture. It can also be reasonably assumed that 'received images and stereotypes' of the Irish landscape are shaped by the ritualistic and formal architecture of Ireland's prehistory, particularly its Celtic prehistory.

I do not wish to treat this history in an ordered chronological manner. Rather, I will start by referring to a piece of quasi-architecture entitled *Slighe na Síoga* ('The Way the Fairies Went') by the sculptor James Scanlon in the picturesque village of Sneem, Co Kerry (1989-90). The project, initiated by the local parish priest, revealed that Scanlon could access, with little prompting, a repository of dormant and unused skills for dry-stone construction, unused for generations. Scanlon's schema to place an aperture in his 'megalith' to the western sun evokes the ghosts of the Boyne Valley graves, which were contemporaneous with the Pyramids of Egypt. The fact that the large tumulus at Newgrange, to this day admits the sunlight of the winter solstice is sufficient testimony both to the sophistication of its rulers and masons and to warrant continuing research and respect.

The folk-memory of the stone masons of Sneem may not be 4000 years old. However, their ancestors would have contributed to another strong received image of the Irish landscape – bleak and beautiful landscapes interlaced with stone walls. These were of much later vintage, being the product of the suppression and banishment of the indigenous population to marginal lands which were cleared of stone and sub divided, a primitive and characteristic architecture.

Through the persistence of a passionate school teacher and archaeologist, Patrick Caulfield, the Irish government facilitated the excavation of an area of blanket bog in the Céide Fields of north Mayo in the late 1980s. Beneath a number of metres of decayed primitive forest, a civilisation, carbon-dated to at least 4000 BC, was unearthed – a moist, Celtic Pompeii on the edge of the western world. A visitor centre, built in 1993, in an appropriately primal shape (if not indigenous) of a pyramid now stands guard over the secrets of this magic place. This intervention in a primitive and rich landscape links prehistory with the present.

Another visitor centre (also designed by architects of the Office of Public Works) at Dún Chaoin in the Dingle peninsula, Co Kerry, is further testimony to both the continuity and radical transformation in the Irish landscape and Irish culture. This building, based on a linear gallery plan with elements of the building appended to it, claims to evoke the rugged forms of Ogham script, a primitive form of writing based on representing words with indentations in stone or wood. The building is oriented towards the Blasket Islands, one of the westernmost outposts of Europe, which, in the late 19th and early 20th century, produced an extraordinary flowering of literature in Gaelic. The writers were ironically stimulated to

Boulogne de Dublin). Le projet, bien qu'abandonné pour une série de raisons complexes, produit un large éventail de réponses. Le concours fut remporté par l'agence anglaise Evans & Shalev (preuve que nous sommes sans rancune!). Il me reste cependant fortement présent à l'esprit la proposition d'un des participants pour une résidence en forme de *lios* ou *rath*, tous deux des termes gaéliques désignant un ancien établissement fortifié, formé généralement de murs de défenses concentriques.

Ce projet (bien que de grande qualité), constituaut, à défaut d'avoir remporté le concours, la preuve que la tendance visant à reconquérir la préhistoire irlandaise était encore bien vivante dans les années 70. La patine de la mémoire préhistorique et médiévale sera perçue comme une puissante force d'évocation dans l'évolution de l'architecture irlandaise. Il peut aussi être raisonnablement supposé que les 'images reçues et les stéréotypes' du paysage irlandais sont formés par l'architecture rituelle et formelle de la préhistoire irlandaise, en particulier, sa préhistoire celte.

Je ne souhaite pas traiter ici cette histoire de manière chronologique, mais commencerais plutôt par une référence à une oeuvre quasi-architecture intitulée *Slighe na Síoga* ('La Direction Prise par les Fées') du sculpteur James Scanlon, au pittoresque village de Sneem, comté de Kerry (1989-90). Le projet, lancé à l'initiative du curé de la paroisse, a révélé que Scanlon pouvait accéder sans trop d'effort, à un répertoire de compétences latentes de la construction en pierre sèche, inutilisée depuis des générations. Le projet de Scanlon créant dans son 'megalithe' une ouverture pour le soleil de l'ouest, évoque les fantômes des tombes de la Vallée de Boyne qui sont contemporaines des pyramides d'Egypte. Le fait que l'important tumulus de Newgrange ne laisse à ce jour pénétrer uniquement la lumière du solstice d'hiver est une indication suffisante de la sophistication de ses maîtres et maçons justifiant le respect et la continuation des recherches.

La mémoire folklorique des habitants de Sneem n'a peut-être pas 4000 ans. Cependant, leurs ancêtres auraient contribués à établir une autre image reçue importante du paysage irlandais: les austères et magnifiques paysages où murs de pierres sèches s'entrecroisent. Ils sont d'un millésime beaucoup plus récent, étant le produit de la répression et du bannissement des populations indigènes vers des terres incultes qui furent nettoyées de leurs pierres et subdivisées: une architecture caractéristique et primitive.

Grâce à la ténacité d'un instituteur et archéologue passionné, Patrick Caulfield, le gouvernement irlandais organisa les fouilles d'une partie d'une tourbières dans les Céide Fields du nord du comté de Mayo, à la fin des années 80. Sous plusieurs mètres de forêt primitive décomposée, une civilisation datant d'au moins 4000 ans avant JC fut mise à jour: une Pompéi Celte et humide aux confins du monde occidental. Un centre de visiteurs, construit en 1993, sous la forme primaire et appropriée d'une pyramide, garde maintenant les secrets de cet endroit magique. Cette intervention dans un paysage primitif et riche, lie la préhistoire au présent.

Un autre centre d'accueil (conçu également par les architectes de l'Office of Public Works) à Dún Chaoin, situé sur la péninsule de Dingle dans le comté de Kerry, est un autre témoignage de la continuité et des modifications radicales du paysage irlandais et de la culture irlandaise. Cette construction, organisée en plan le long d'une galerie linéaire, avec des parties du bâtiment s'y attachant, cherche à invoquer les formes crènelée des Ogham, une forme primitive d'écriture où les mots sont représentés par des marques gravées dans de la pierre ou du bois. Le bâtiment est orienté vers les îles Blasket, un des avant-postes les plus occidentaux d'Europe qui, à la fin du XIXe et au début du XXe siècle, produit une exceptionnelle moisson de littérature gaélique. Ironiquement, ce fut à un érudit anglais et à un allemand que les écrivains durent leur encouragements à l'écriture.

Un peu plus au sud des Îles Blasket, les bateaux de touristes emmènent les visiteurs sur le Skellig Rock (Scellig Mhíchíl). Ces îles (maintenant à la charge de l'Office of Public Works) incarnent le spiritualisme hermétique des débuts de la chrétienté irlandaise dont la sévérité est égale aux cultes austères des premiers ermites Chrétiens du désert de Syrie (bien qu'il y fasse plus chaud!). Le culte médiéval de St Michael, protecteur de ces rochers, relie le monachisme irlandais avec la Cornouaille et la France (Mont St Michel en Normandie). Ces structures encorbellées en forme de ruche font partie des quelques vestiges restants de l'architecture des premiers Chrétiens irlandais (VIe siècle après JC). Il est probable qu'ils représentent une continuité entre les pratiques de constructives du néolithique et les premières influences des tendances de la réformation monastique du début du moyen-âge.

L'architecture irlandaise à ses débuts est clairement centrée sur la religion, les mythes, la mort et les liaisons avec le cosmos. Alors que le pays est densément parsemé de vestiges, il y très peu de témoignages sur la vie quotidienne de ses peuples, si l'on excepte ce qui peut-être glané dans la littérature la plus ancienne telle que le *Livre des Invasions*. Le passé reste en quelque sorte un mystère qui se dévoile petit à petit.

L'arrivée de la Chrétienté au Ve siècle après JC remit en cause des structures séculaires fusionnées de croyances,

write by a scholarly Englishman and a German.

Somewhat south of the Blasket Islands, tour boats will take visitors to the Skellig Islands (Scellig Mhíchíl). These islands (now conserved by the Office Of Public Works) embody the hermetic spirituality of early Irish Christianity, whose severity mirrored the early Christian practice of the desert hermits of Syria. (Syria is warmer!) The early medieval cult of St Michael, the patron of these rocks, links Irish monasticism with Cornwall and France (Mont Saint Michel in Normandy). The corbelled bee-hive structures are among the few remaining vestiges of early Irish Christian architecture (6th century AD). It is likely that they represent a continuity of construction practices from neolithic times until the early reforming monastic influences of early medieval times.

Early Irish architecture is clearly centred on religion, myth, death and linkage with the cosmos. While the country is dense with remains, very little testament survives the daily life of its people, except that gleaned from early literature such as the *Book of Invasions*. The past is something of a mystery, gradually unfolding.

The arrival of Christianity in the 5th century precipitated a number of centuries of fused belief structures, with the pagan order coexisting with the Christian order, and many icons interchanging. Fertility symbols and proto-feminist images such as Sheela-na-Gigs can be found in churches well into the middle ages. A parallel ecclesiastical architecture in wood (perhaps influenced by Scandinavian 'stave' churches) – suggested in the finial details of some stone details of early medieval churches – may also have existed.

Besides the power of mystery and silence of prehistoric and medieval Irish architecture, the evidence of sophistication of Irish culture from the Iron Age to the apex of the Golden Age in the 10th century was the extraordinarily beautiful jewellery and religious artefacts fashioned from bronze and gold. The oldest surviving manuscripts in western Europe come from early Christian Ireland, as do some of the most elaborate and beautifully illuminated manuscripts in the world.

The Viking invasions of the 8th to the 10th centuries are generally seen as impeding the continuation of the culture of 'Saints and Scholars'. We know that life is never that simple, and that some Irish saints and scholars were equally voracious. To the Vikings we owe the genesis of Irish urbanisation, a memory which was to be released in a protest in the 1970s when Dubliners in their thousands protested to halt construction of the Civic Offices on the founding site of Viking Dublin at Wood Quay. These events marked a watershed, and, some would say, a polarisation in Irish environmental and architectural consciousness – preservation versus contemporary.

THE ARRIVAL OF THE NORMANS: ROME RULES

The absence of a Roman conquest of Ireland with its attendant cultural imprint of order and hierarchy has often been seen as that which has contributed to the many stereotypes of the Irish mind and psyche.

The Romanisation of the Irish church was consolidated by the arrival of the monastic orders from France. St Bernard of Clairveaux was a close friend of St Laurence O'Toole, Patron of Dublin (they exchanged death habits), at the time of the Anglo Norman invasion of Ireland in 1169. To some extent this was a cycle coming full-turn, as Irish missionaries had played a significant role in the evangelistisation of Europe, from Iona and Lindisfarne in Scotland and northern Britain to Vienna in the east, following the demise of the Roman Empire.

The church and cloister, which evolved in Continental Europe and was introduced to Ireland by the Cistercians, was informed by the ideal plan of St Gall in Switzerland, a monastery founded by a 7th-century Irish monk.

While a Hiberno-Romanesque architecture in embryo existed, it flowered with the coming of the monastic orders. The great icon of Irish Christianity, the Rock of Cashel, built by the Mac Carthys (Lords of Munster), was known to have been built, commencing in 1127, with the assistance of French masons.

Besides building beach-head defences such as mottes and baileys, the Norman's introduced sophisticated military fortifications and fortified tower houses. Centuries later the poet WB Yeats was to convert such a tower house into a residence, with the assistance of the Hiberno-Romanesque Revivalist and Art Nouveau architect WA Scott, in Ballylee in south-east Galway.

With time, an *entente cordiale* evolved between the Gaelic order and the Anglo-Norman invaders, who become 'more Irish that the Irish themselves' as attempts of domination receded.

Excepting some evolution in fortifications, the high architecture of Ireland from late medieval times was dominated by monastic settlements and fortified houses until the Elizabethan plantations. The reformation and suppression of the monasteries saw the obliteration and destruction of most of the monasteries. With the partial success of the 17th-century Elizabethan plantations, there was some evolution towards a non-fortified planter house. Some examples of these houses can still be seen grafted to Norman tower houses.

l'ordre païen coexistant alors avec l'ordre chrétien et de nombreux icônes s'interchangeant. Les symboles de fertilité et d'images proto-féministe telles que Sheela-na-Gigs pouvaient encore être trouvées dans les églises en plein moyen-âge. Certains détails d'épis de faîtage en pierre suggèrent qu'une architecture ecclésiastique en bois (peut-être influencée par les églises-'douves' scandinaves) a pu également existée.

Hormis la puissance du mystère et du silence de l'architecture irlandaise médiévale et préhistorique, des objets religieux et de fabuleusement beaux bijoux de bronze et d'or attestent du caractère avancé de la culture irlandaise depuis l'âge de fer jusqu'à l'apogée de l'Age d'Or au Xe siècle. Les manuscrits Européens les plus âgés subsistant encore à ce jour proviennent des débuts de l'Irlande chrétienne, de même que certaines des enluminures les plus belles et les plus minutieuses au monde.

Les invasions vikings du VIIIe au Xe siècle sont généralement perçues comme ayant entravé la continuité de la culture 'des Saints et des Erudits'. Nous savons cependant que la vie n'est jamais aussi simple et que certains saints et érudits étaient autant voraces. Aux vikings, nous devons la genèse de l'urbanisation irlandaise, une mémoire qui fut restituée lors d'une manifestation au milieu des années 70, quand des milliers de dublinois ont obtenus que soient arrêtés les travaux des Dublin Civic Offices sur le site même de la fondation du Dublin des vikings à Wood Quay. Ces événements correspondent à un grand tournant et, certains diraient, à une polarisation dans la prise de conscience irlandaise en matière d'environnement et d'architecture: sauvegarde du passé contre contemporain.

L'ARRIVÉE DES NORMANDS: LES AUTONOMIES

L'absence d'un conquête romaine de l'Irlande, avec son cortège attenant d'empreintes culturelles d'ordre et de hiérarchie, a souvent été perçue comme le fait ayant le plus contribué à de nombreux stéréotypes sur la pensée et psyché irlandaise.

La romanisation de l'Eglise irlandaise fut renforcée par l'arrivée d'ordres monastiques venus de France. St Bernard de Clairveaux fut un ami proche de St Laurence O'Toole, protecteur de Dublin (ils échangèrent leurs habits funéraires) au temps de l'invasion anglo-normande de l'Irlande en 1169. A plus d'un égard, il s'agissait là d'un cycle parvenu à terme, puisque des missionnaires irlandais avaient joué un rôle impor-

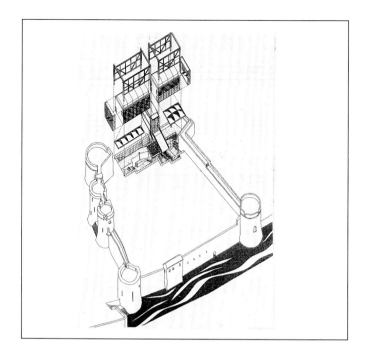

Centre d'information pour les visiteurs et restauration du château de King John, Limerick
Murray O'Laoire Associates, 1991

Ce château historique, fondé par les Normands au XIIe siècle, a été restauré en 1989-91. La forme qu'a prise le centre contemporain d'information pour les visiteurs résulte du désir d'exposer les niveaux des fouilles archéologiques mises à jour durant la construction. Ces couches vont de vestiges des débuts du christianisme à des éléments de la période irlando-normande et de l'époque victorienne. Le projet illustre la nature 'cyclique' fréquemment rencontrée dans l'architecture irlandaise, où des interventions nouvelles sont placées dans des bâtiments anciens de diverses époques, tels que le Royal Hospital Kilmainham (IMMA, Shay Cleary Archtects) et le château de Dublin (OPW).

Visitor Centre and restoration of King John's Castle, Limerick
Murray O'Laoire Associates, 1991

This historic castle, founded by the Normans in the 12th century, was restored in 1989-91. The form of the contemporary visitor centre derives from a desire to expose the layers of archaeology excavated during construction. These ranged from early Christian to Hiberno-Norse and late-Victorian remains. The project embodies the 'cyclical' nature of a lot of contemporary Irish architecture, where new interventions are placed in historic buildings of varying epochs, such as the Royal Hospital Kilmainham (IMMA, Shay Cleary Architects) and at Dublin Castle (OPW).

THE AUGUSTAN AGE

Identity is seldom straightforward and given.
— Declan Kiberd

How proudly he talks
of Zig Zack walks
and all the day raves of cradles and caves
and boasts of his feats, his grottoes and seats
shows all his gee-gaivs and gates for applause
A fine occupation for one of his station,
A hole where a rabbit would scorn to inhabit,
Dug out in a hour, he called it a bower:

— Jonathan Swift (1728)
My lady's lamentation and complaint against the Dean

**Église de Ballymakenny,
Co Louth**

Cette église, dans le comté de Louth, fut probablement la dernière dessinée par Thomas Cooley (1740-1784). Elle incarne la sobre élégance de l'église protestante irlandaise – la réunion d'un 'hall' et d'une tour. Cooley était l'un des nombreux architectes anglais de naissance qui fleurirent durant le XVIIIe siècle néoclassique.

**Ballymakenny Church,
Co Louth**

This church in Co Louth was probably the last design by Thomas Cooley (1740-1784). It embodies the simple elegance of the Irish Protestant church – a hall conjoined with a tower. Cooley was one of many English-born architects who flourished in the 'Augustan' 18th century.

The acerbic author of *Gulliver's Travels* did not spare his own class – the Anglo-Irish compatriots – when dispensing sarcasm.

The Treaty of Limerick (1691) and the exile of the old and new Irish Chiefs to France and Spain marks the end of the Gaelic order. The elimination of the threat of revolt created conditions where the newly confident Anglo-Irish ascendancy could begin to assert themselves with confidence. The process of colonial consolidation also provided prototypes for later British Imperial expansion. That assertion transformed the landscape and the mindscape of the island in a radical manner in a period of two hundred years. However, the 18th century is regarded as its apotheosis. The Ireland presented to the new order gave it carte blanche for experimentation. The temperate climate and the pastoral and rugged landscapes provided a foil to a new architecture, combining neo-classicism with fantasy and exotic planting from the imperial expansion of England.

This essay is not the forum for dissecting the complex legacy or psyche of the so called Anglo-Irish. This term embraces a mixed bag of various strands of colonial plantation, and, indeed, Anglo-Norman and native Irish who proclaimed loyalty to England.

Swift's acid parody of the *arriviste*, pretentiously aping the fashions of Italianate landscaping, inevitably reflected the beginning phases of a period of extraordinary achievement, which still form the matrix of Irish settlement patterns and a strongly regionally flavoured neo-classical architecture. In the context of this essay, it is worth noting that the Anglo-Irish

tant dans l'évangélisation de l'Europe depuis Iona et Lindisfarne en Ecosse et au nord de l'Angleterre, jusqu'à Vienne à l'est en suivant le déclin de l'empire romain.

Les formes de l'église et du cloître qui se développèrent en Europe du Nord et qui furent introduites en Irlande par les Cisterciens, provenaient du plan idéal de St Gall en Suisse, monastère fondé au VIIe siècle par un moine irlandais.

Alors que l'architecture hiberno-romane existait déjà de façon ambryonaire, elle fleurit avec l'arrivée des ordres monastiques. Nous savons que des maçons français ont participé à la construction de l'important symbole de la Chrétienté irlandaise, le Rocher de Cashel (Rock of Cashel), construit par les Mac Carthy's (seigneurs de Munster) à partir de 1127.

Hormis la construction de têtes de pont telles que les *mottes* et *baileys*, les Normands ont introduit de complexes fortifications militaires et les maisons-tours fortifiées. Des siècles plus tard, le poète WB Yeats devait convertir une telle maison-tour en résidence à Ballylee, le sud-est du comté de Galway, avec l'aide de l'architecte du renouveau hibernoroman et de l'Art Nouveau, WA Scott.

Avec le temps, une entente cordiale s'est instaurée entre les différents ordres gaéliques et les envahisseurs anglonormands – qui devenaient 'plus irlandais que les irlandais euxmêmes' au fur et à mesure que les tentatives de domination s'estompaient.

Mis à part l'évolution en matière de fortifications, la grande architecture de l'Irlande médiévale a été dominée par les fondations monastiques et les maisons fortifiées, jusqu'au moment des plantations coloniales de l'ère Elisabéthaine. La Réforme et l'étouffement des monastères entraînèrent la disparition et la démolition de la plupart de monastères. Avec le succès partiel des plantations coloniales Elisabéthaines (XVIIe), il y eut une évolution vers des maisons de planteurs non fortifiées. Certaines de ces maisons peuvent encore être vues greffées au flanc de maisons-tours normandes.

L'EPOCH NEO-CLASSIQUE

L'identité est rarement d'une nature simple et innée
— Declan Kiberd

Comme fièrement il parle, d'une marche en zig zag et à longueur de jour divague de berceaux et de grottes et se vante de ses fêtes, grottes et fauteuils montrant ses apparats en attendant qu'on l'applaudisse. Une belle occupation pour quelqu'un de son rang. Une antre

qu'un lapin dédaignerait d'occuper creusé en une heure, il la baptisé boudoir.

— Jonathan Swift, 1728
Les lamentations de ma dame et complainte contre le doyen

L'auteur acerbe des *Voyages de Gulliver* n'a pas épargné sa propre classe, ses compatriotes anglo-irlandais, lorsqu'il dispensa ses sarcasmes.

Le Traité de Limerick (1691) et l'exil des chefs jeunes et anciens vers la France et l'Espagne, marque la fin de l'ordre gaélique. L'élimination de toutes traces de révolte a créé une situation où la nouvelle et confiante aristocratie angloirlandaise pouvait commencer à s'affirmer avec assurance. Le processus de consolidation coloniale a aussi fournit les prototypes de l'expansion impériale britannique à venir. Cette affirmation a transforma en de deux cent ans le paysage et la manière de penser de l'île d'une manière radicale. Cependant, c'est le XVIIIe siècle qui en est considéré comme l'apothéose. Face au nouvel ordre, il fut donnée carte blanche pour tfaire de l'Irlande un terrain d'expérimentation. Le climat tempéré ainsi que ses rudes paysages agricoles servirent de tremplin pour une nouvelle architecture, mêlant néo-classicisme avec fantaisie et plantes exotiques d'une Angleterre impériale en expansion.

Le présent essai n'est pas un forum pour disséquer le legs complexe ou la psyché des soi-disant anglo-irlandais. Ce terme englobe un fatras de souches variées issues des plantations coloniales et même d'anglo-normands et d'irlandais de souche ayant proclamé leur loyauté envers l'Angleterre.

La parodie acerbe de Swift d'un arriviste singeant prétentieusement les manières de la cour italienne, reflète immanquablement les premières phases d'une période d'extraordinaires accomplissements, qui forment encore à ce jour la matrice des modèles de colonisation irlandaise et d'une architecture néo-classique fortement colorée d'aspects régionaux. Il vaut la peine de noter dans le contexte de cet essai que les anglo-irlandais ont développé une forte sous-culture autonome, criblée de contradictions. Arrogance impériale et loyauté indolente coexistaient avec un désir de séparation totale avec l'Angleterre. Le schéma idéologique précurseur d'une tradition basée sur la force en Irlande fut un produit anglo-irlandais. La tradition républicaine française était à l'origine anglo-irlandaise. L'image du propriétaire oppresseur haï et cruel fut contrebalancée par des figures comme Parnell, qui dirigea le mouvement pour une réforme radicale de la loi agraire et à qui l'on doit l'ébauche d'une autonomie (Home

Amphithéâtre en Ruine
Plan d'élevation par
Samuel Charnley

Samuel Charnley, né dans le comté de Waterford, mourut à l'âge de 29 ans en 1746. Sous le patronage de Sir Lawrence Parsons, troisième baronet de Birr Castle, il produisit quelques projets extraordinairement fantasques et extravagants de folies et de jardins. Cette proposition est vraisemblablement une parodie délibérément absurde du Temple des Notables Britanniques à Stowe. Si tel est le cas, elle vient confirmer la théorie de la Famille Parson selon laquelle la plupart de l'architecture qualifiée d'anglo-irlandaise est par excellence irlandaise dans l'esprit.

Amphitheatre in Ruin
Elevation drawing by
Samuel Charnley

Samuel Charnley, born in Co Waterford, died at the age of 29 in 1746. His patron was Sir Lawrence Parsons, Third Baronet of Birr Castle, and he produced some extraordinary fantastic and grotesque proposals for follies and gardens. This proposal is conceivably a deliberate grotesque parody of the Temple of British Worthies at Stowe. If so, it reinforces the Parson family's contention that much of what is referred to as Anglo-Irish architecture is quintisessentially Irish in spirit.

developed a strong autonomous sub-culture riddled with paradox. Imperial arrogance and supine loyalty co-existed with a desire for total separation from England. The ideological blueprint of the physical force tradition of Ireland was an Anglo-Irish product. The French republican tradition was of an Anglo-Irish origin. The image of hated, oppressive and cruel landlords was counterpointed by figures like Parnell, who led the movement for radical land reform and laid down the imprint for Home Rule. It will be seen that the leaders of the Gaelic revival of the late 19th century, which sought to re-invent Ireland as a 'Celtic fairy-land forlorn' were dominantly Anglo-Irish. Not Irish, not English, but 'no mean people', their cultural ambivalence was the fuel for some of the greatest of Irish literature and thought. Out of this lacuna came the remarkable Eileen Gray, whose search for a cultural homeland finished in France, as did her compatriot Samuel Beckett.

The early endeavours of the ascendancy to express themselves architecturally demanded the importation of English, German, French and Italian architects. The dominant model for early Irish neo-classicism was Palladian. In its journey from the Veneto – either directly to Ireland or filtered through England – Irish Palladianism at its best took on a distinct regional flavour, characterised by simplicity and spareness, informality and not a little fantasy. It was also characterised by eccentricity and the sometimes gauche essays of gentlemen architects, assembling their visions from catalogues. Notwithstanding the general rule, the eminent Irish architect Arthur Gibney has noted the direct homage to French neo-classicism, particularly in some of Dublin's earliest public buildings, such as Dr Steeven's Hospital. Ireland's first major neo-classical building, the Royal Hospital in Kilmainham, is generally acknowledged to be a homage to Les Invalides in Paris (1679).

Palladianism in Ireland demonstrated a rather spartan expression, which was often a result of relative lack of resources and isolation. It did, however, demonstrate a capacity to translate and adapt in scale. The basic schema of house and symmetrical wings lent itself to the elegant and grandiose, and to the pretentious and impecunious it presented a *bella figura* concealing a multitude of poor syntax. It also demonstrated a capacity to adapt to a functional building, such as a farmyard, and later institutions such as asylums and jails.

Pub philosophers have convincingly argued that the imprint of the Palladian Big House on the folk-memory of the dispossessed is the impetus for the construction of some of the truly awful mock-Georgian suburban houses built in post-colonial Ireland. Any honest critique of contemporary Irish housing must acknowledge that the absence of republican role

Rule). Nous verrons comment les dirigeants de la renaissance gaélique de la fin du XIXe siècle, qui ont cherché à réinventer l'Irlande comme une 'royaume des fées, celte et mélancolique', étaient principalement anglo-irlandais. Pas irlandais, pas anglais, mais 'des gens pas mesquins', l'ambivalence de leur culture fut le carburant de certaines des plus grandes pensées et oeuvres littéraires. De cette lacune s'est extrait la remarquable Eileen Gray, que la poursuite d'une patrie culturelle à conduit en France, ainsi que son compatriote Samuel Beckett.

Les premières tentatives de l'aristocratie à s'exprimer architecturallement ont nécessité l'importation d'architectes anglais, allemands, français et italiens. Le modèle dominant du néo-classicisme irlandais des débuts fut palladien. Durant son périple depuis le Veneto – soit directement jusqu'en Irlande ou filtré par l'Angleterre – le palladianisme irlandais pris à son apogée au travers un parfum régional distinct, caractérisé par sa simplicité et sa modération, son informalité et son absence de la moindre fantaisie. Il était aussi caractérisé par une excentricité et les essais parfois gauche des 'architectes gentlemen', assemblant leur vision d'après les pages de catalogues. En dépit de la règle générale, l'éminent architecte irlandais Arthur Gibney, y note un hommage direct au néo-classicisme français, en particulier dans certains des premiers bâtiments publics de Dublin tel que l'Hôpital Dr Steevens. Le premier bâtiment irlandais néoclassique, le Royal Hôpital Kilmainham est habituellement considéré comme un hommage à Les Invalides de Paris de 1679.

Le palladianisme en Irlande dénotait non seulement une expression spartiate qui était souvent due au manque relatif de ressources, mais à une certaine isolation. Il démontra néanmoins une capacité à être traduit et à s'adaptation à l'échelle. Le schéma de base d'une maison avec des ailes symétriques se prêtait à l'élégance et au grandiose, et se prêtait également aux prétentieux et aux sans-ressources pour qui il représentait une *bella figura* cachant une multitude de syntaxes pauvres. Il a aussi démontré une capacité d'adaptation aux bâtiments fonctionnels tels que les cours de ferme, et plus tard aux asiles et prisons.

Les philosophes de café ont argué de manière convaincante que le souvenir d'une grande maison palladienne dans la mémoire populaire des 'déshérités' fut ce qui provoqua la construction de certaines des plus atroces maisons d'imitation Géorgienne construites dans les banlieues de l'Irlande post-coloniale. N'importe quel honnête critique d'urbanisme contemporain se devra de reconnaître que l'absence de modèle d'émulation 'républicain' ou de modèle culturel a créé des monstres qui feraient très certainement se retourner dans sa tombe Palladio (et même ses interprètes anglo-irlandais).

Le palladianisme irlandais met en oeuvre de façon exemplaire l'ensemble de la panoplie des artifices néo-classiques, qui peuvent être vus plutôt comme une expression locale de l'Ecole anglaise. Ce qui le différencie manifestement de son équivalent anglais, réside peut-être dans le domaine de la décoration d'intérieur – en particulier le stuc et le travail du plâtre – et dans les aménagements paysagers. La défunte Mariga Guinness faisait référence à la relative densité de folies et d'édifices de jardins en Irlande par rapport à l'Angleterre. Se pourrait-il que l'Irlande àpropulser de nouveau ses conquérants dans le fantasque?

L'éventail et l'expression des folies et des édifices de jardin est extraordinaire. Ils s'étendent du dialogue axial politiquement assuré entre la Connolly's Folly et de la 'Wonderful Barn' (la grange merveilleuse) sur des milliers d'hectares dans le comté de Kildare, à l'extraordinaire Bone House (Maison d'Os) de Caleon dans le comté de Tyrone, construit par John Boyle, cinquième Comte d'Orrery (et, incidemment, un ami de Jonathan Swift). Sa façade est entièrement construite de milliers de fémurs de boeufs et d'os de cerfs directement apposés sur un mortier du chaux donnant l'impression d'un motif continu d'os (aux environs 1744). Alors que de nombreuses folies sont des bâtiments ornementaux et des 'cottages ornés' directement inspirés des modèles européens, l'énorme densité de vestiges locaux comme les pierres levées et les tombes à passage du néolithique ont occasionnellement servis de modèle aux grottes et aux folies. La propension anglo-irlandaise au fantasque fit référence à la Chine, la Grèce et Rome ainsi qu'à l'Irlande préhistorique comme source d'inspiration. En définitive, le caractère des bâtiments domestiques et des folies anglo-irlandaises dérive de l'interaction d'un environnement inventé avec la nature sauvage de l'île.

Le joyau sur la couronne des édifices de plaisance irlandais est cependant nécessairement être l'extraordinaire Casino à Marino, un exquis exercice de néo-classicisme français d'importance européenne. Un résumé de la vie du commanditaire et de l'architecte nous donne une indication de la véritable fusion d'influences qui prévalut au XVIIIe siècle dans l'architecture irlandaise.

Le commanditaire, Lord Charlemont (1728-99) fut l'une des figures majeures de la vie politique irlandaise du XVIIIe siècle et il fut l'un des grands intellectuels de sa classe ayant recherché une autonomie, bien qu'oligarchique, pour l'Irlande. Selon les coutumes de la classe à laquelle il appartenait, il passa neuf ans à réaliser un grand tour d'Europe. Il est probable qu'il rencontra William Chambers à Rome lorsque ce dernier y effectuait ses études et s'efforçait d'obtenir de futures commandes de la part de riches anglais et anglo-

La Grange Merveilleuse, Celbridge, Co Kildare

La Grange Merveilleuse, construite par les Connolly de Castletown dans les années 1740, est l'une des folies les plus extraordinaires et impressionnantes du XVIIIe siècle. C'est la réponse axiale à la Folie des Connolly, toute aussi splendide, construite sur le même domaine. Bâtie sous la direction de Mme Connolly, elle associait altruisme et mode, procurant un emploi aux ouvriers agricoles locaux touchés par la famine. Ce bâtiment, d'une construction étonnamment complexe, porte la signature émouvante d'un certain John Glin, sans doute un maçon de la région.

The Wonderful Barn, Celbridge, Co Kildare

One of the most extraordinary and impressive follies of the 18th century is the Wonderful Barn, constructed by the Connollys of Castletown in the 1740s. It has an axial dialogue with the equally splendid Connolly's Folly on the same demesne. Under the direction of Mrs Connolly, it combined altruism with fashion, giving employment to native labourers affected by famine. The building, an extraordinarily complex construction, is poignantly signed by one John Glin, presumably a local mason.

models or cultural leadership created monsters which would certainly cause Andrea Palladio (and indeed his Anglo-Irish interpreters) to turn in his grave.

Irish Palladianism displays, at best, a comment or the total panoply of neo-classical devices, which could be best seen as a local expression of the English school. If we look at what sets it apart from its English counterpart, it is perhaps in the realms of interior decoration – particularly stucco and plasterwork – and landscaping we will find it manifest. The late Mariga Guinness commented on the relative densities of follies and garden buildings in Ireland compared with Britain. Could it be here that we find Ireland propelling its conquerors to fantasy?

The range and expression of Irish follies and garden buildings is extraordinary. They range from the politically assertive axial dialogue of Connolly's Folly and 'Wonderful Barn' over thousand of hectares in Kildare, to the extraordinary Bone House at Caleon, Co Tyrone, built by John Boyle, Fifth Earl of Orrery (and, incidentally, a friend of Jonathan Swift). Its façade is constructed entirely of thousands of femur-type ox or deer bones, laid directly in lime mortar in such a manner as gives the impression of a continuous pattern of bone (c.1744). While many follies and/or ornamental buildings and *cottages ornés* are directly inspired by European models, the huge density of native vestiges, such as neolithical passage graves and standing stones, were occasionally invoked as models for grottos and follies. The Anglo-Irish propensity for fantasy invoked China, Siumaria, Greece and Rome, as well as prehistoric Ireland, for inspiration. Ultimately, the character of the Anglo-Irish domestic building/folly derives from the interplay of contrived nature with the rugged nature of the island.

The jewel in the crown of the Irish pleasure buildings must, however, be the extraordinary Casino at Marino, an exquisite exercise in French neo-classicism of European significance. A précis of the lives of both patron and architect will give some insight into the truly European fusion of influences prevalent in 18th-century Irish architecture.

The patron, Lord Charlemont (1728-99), was a major figure in Irish political life throughout the 18th century and one of the intellectual giants of his class, which sought to seek autonomous if oligarical rule for Ireland. In the manner of his class, he spent a full nine years on a grand tour of Europe. It is likely that he met William Chambers in Rome when Chambers was studying there and cultivating future commissions from wealthy English and Anglo-Irishmen. William Chambers (later Sir William) was born in Sweden of Scottish parents. With money he amassed from service in the Swedish East-Indian company, he travelled extensively in the East. He studied

irlandais. William Chambers (plus tard Sir William) est né en Suède de parents écossais. Il voyagea grandement grâce à l'argent qu'il avait amassé lors de son service avec la compagnie est-indienne suédoise. Il étudia l'architecture à Paris à l'académie de Jean-François Blondel, l'une des principales figures du néoclassicisme français. Il est dit qu'une certaine influence de cette époque se retrouve dans le Casino à Marino.

Par une autre grande coïncidence de l'histoire, James Gandon (qui descendait de Huguenots français) fut invité à Dublin par le désinvolte et visionnaire John Beresford afin d'en initier la transformation à l'image d'un groupe certes réduit mais influent d'hommes d'affaires anglo-irlandais. Il devint par la suite un disciple prospère de Chambers. Le centre ville contemporain de Dublin est d'ailleurs en grande partie le résultat des efforts aux XVIII⁸ siècle de Beresford et de ses compatriotes. La renaissance de Gandon au milieu de sa carrière comme architecte d'importance lui permit de concevoir certains des grands bâtiments publics de Dublin et d'Irlande, notamment le palais de justice, The Four Courts, et le bâtiment des douanes, The Custom House. Il faut noter qu'au cours de l'histoire contradictoire de l'architecture irlandaise, ces deux bâtiments furent considérablement détruits lors de la Guerre Civile fratricide (1922-23) qui suivit la révolution de 1916. Des canaux s'enfonçant dans le pays furent construits et des rivières furent canalisées. Les places Géorgiennes de Dublin et les larges rues furent tracées, le coeur de la ville se déplaça vers l'est effaçant les vestiges du Dublin médiéval.

Ce siècle extraordinaire vit une radicale transformation du paysage culturel irlandais, la consolidation urbaine comprenant d'admirable ville planifiée (ex: Westport et Birr), et l'émergence d'une architecture irlandaise néoclassique.

Le processus de maturation et d'évolution de la société irlandaise a permit à l'Irlande contemporaine de se ré-approprier l'héritage né d'une puissance oligarchique, et de comprendre que le processus complexe de construction des villes et de l'architecture, se doit aussi de reconnaître les constructeurs et les artisans qu'étaient les irlandais autochtones.

La mort de Lord Charlemont en 1799 est symbolique du début du déclin de cette classe remarquable. En 1800, après l'Acte d'Union avec la Grande-Bretagne, le parlement irlandais fut aboli. Il (le Parlement) était en grande partie le catalyseur d'un siècle d'accomplissements remarquables. L'événement qui figea la résolution de l'Angleterre à limiter l'autonomie anglo-irlandaise fut le soulèvement de 1798 qui, ironiquement, fut idéologiquement dirigé par des anglo-irlandais voulant établir une république irlandaise qui devait affranchir les catholiques et les dissidents selon le modèle français et avec l'aide de la France. Seuls des vents intempes-

tifs et la tempête soufflant dans la Baie de Bantry empêchèrent l'armada française d'accoster. Si elle y était parvenue, le cours de l'histoire et de l'architecture irlandaise aurait immanquablement été radicalement différent.

LE XIX⁸ SIECLE: 'UN ROYAUME DES FÉES, DES FANTOMES ET DES MONSTRES'

La race irlandaise possède tous les charmes: grâce, éloquence, beauté et malchance.
— *De Lasteyrie: Revue des Deux Mondes, 1854*

La dissolution du parlement oligarchique irlandais et l'Acte d'Union qui s'ensuivit avec la Grande-Bretagne ne déclencha pas immédiatement un déclin de l'économie irlandaise. Au contraire, la confrontation impériale franco-britannique et la colonisation des Amériques fit de l'Irlande le 'grenier à blé' approvisionnant les armées coloniales. Des droits limités furent accordés aux Catholiques en 1792 (bien que ce ne fut que pour leur permettre de s'enrôler dans l'armée britannique).

Comme mis en évidence par l'image de la 'Grange Merveilleux', les famines étaient fréquentes, laissant présager la Grande Famine de 1845-1848. Les premières émigrations vers les Amériques virent des pauvres ouvriers irlandais travaillant à la construction des canaux au Québec. Elles ont aussi vu pour la première fois dans le Nouveau Monde l'émergence d'architectes nés en Irlande. Par exemple, l'architecte James O'Donnell fut chargé en 1830 d'ébaucher la Basilique de Notre Dame à Montréal, le grand bastion du catholicisme des canadiens francophones.

Dans le contexte de la libéralisation des lois pénales à l'encontre des catholiques, l'Église se vit attribuée le Séminaire National de Maynooth [en Irlande]. Ce n'était pas un geste purement altruiste, mais un rempart pour contrer l'importation d'idées révolutionnaires insidieuses en provenance d'Europe continentale, où des prêtres irlandais y étaient étuqués depuis la Réformation. La 'dette' implicite envers la Grande-Bretagne explique pour beaucoup la subséquente nature conservatrice du catholicisme irlandais, exprimée dans ses tentatives architecturales en particulier au XX⁸ siècle.

Parmi ses nombreuses contributions à la culture universelle et irlandaise, Jonathan Swift fut à l'origine du premier asile d'aliénés (St Patrick à Dublin) par biais d'un legs. Nous

architecture in Paris in the academy of Jean François Blondel, one of the leading figures of French neo-classicism. It is suggested that some of the influences of this period found expression in the Casino at Marino.

Through another great accident of history, a then none-too-successful apprentice of Chambers, James Gandon (who was of French Huguenot extraction), was induced to Dublin by the cavalier and visionary John Beresford, to initiate the transformation of Dublin in the image of a small but influential group of Anglo-Irish entrepreneurs. Contemporary inner-city Dublin is still substantially the product of the 18th century and Beresford and his compatriots. Gandon's mid-life renaissance as a significant architect saw him design some of the great public buildings of Dublin and Ireland. These include the Four Courts and the Custom House. (In the paradoxical history of Irish architecture, it should be noted that both these buildings were substantially destroyed in their internecine Civil War (1922-23) which followed the revolution of 1916.) Canals penetrating the country were built and rivers were canalised. The Georgian squares of Dublin and the wide streets were laid out. The heart of the city moved eastwards and obliterated the vestiges of medieval Dublin.

This extraordinary century saw a radical transformation of the Irish rural landscape, the consolidation of town -building, including many fine planned towns (e.g. Westport and Birr), and the emergence of a characteristic Irish neo-classical architecture.

The process of maturation and evolution of Irish society has allowed contemporary Ireland to repossess the legacy born of oligarical power, and to understand that the complex process of city building and architecture has to also recognise the builders and the artisans who were the indigenous Irish.

Lord Charlemont's death in 1799 is emblematic of the beginning of the decline of this remarkable class. In 1800, after the Act of Union with Britain, the Irish Parliament was abolished. The Irish Parliament was, to a great extent, the catalyst for a century of remarkable achievement. The event that crystallised England's resolve to limit Anglo-Irish autonomy was the rising of 1798, which, ironically, was ideologically led by Anglo-Irishmen seeking to create an Irish republic, which would seek to enfranchise Catholics and dissenters on the French model, with the aid of France. Only ill winds and storms in Bantry Bay prevented the French armada landing. If successful, the course of Irish history and architecture would undoubtedly have been radically different.

THE 19TH CENTURY: 'A FAIRY LAND IN WHICH TO MEET GHOSTS AND MONSTERS'

The Irish race possessed every charm: grace, eloquence, beauty, and misfortune.
— De Lasteyrie: Revue des Deux Mondes (1854)

The dissolution of the oligarchical Irish Parliament and the subsequent Act of Union with Britain did not immediately spark a decline in the Irish economy. On the contrary, Franco-British imperial confrontation and colonisation of the Americas made Ireland an imperial 'bread basket', supplying the colonial armies. Limited rights to Catholics were granted in 1792 (albeit to allow them entry to the British army).

As evidenced by the vignette of the 'Wonderful Barn', famines occurred frequently, presaging the Great Famine of 1845 to 1848. Early emigration to the Americas saw impoverished Irish workers building canals in Quebec. It also saw, for the first time, the emergence of Irish-born architects in the New World. In 1830, for instance, the architect James O'Donnell was commissioned to design the Basilique de Notre Dame in Montreal, the great bastion of French-Canadian Catholicism.

In the context of a liberalisation of Penal Laws against Catholics, the Church was granted a national seminary in Maynooth. This was not entirely altruistic, but is seen as a bulwark against the importation of insidious revolutionary ideas from continental Europe, where Irish priests had been educated since the Reformation. The implicit 'debt' to Britain goes a long way to explaining the subsequent conservative nature of Irish Catholicism, which was expressed in its architectural endeavours, particularly in the 20th century.

Jonathan Swift, among his many contributions to Irish and global culture, pioneered the first lunatic asylum, St Patrick's in Dublin, by way of a bequest. We know he felt his fellow countrymen in need of such a facility:
He gave what little wealth he had to build a house for fools and mad and show'd by one satiric touch no nation wanted it so much.
— Verses on the Death of Dr Swift
As befitted an age of enlightenment, the 19th century also saw the emergence of new building types. Joining the ghostly ruined monasteries of the remote countryside and the emerging towns and cities came new building types – jails, asylums, workhouses, market houses and courthouses. These were

savons qu'il savait ses compatriotes en besoin d'une telle installation:

> donna le peu de richesse qu'il possédait pour la construction d'une maison pour les idiots et les fous et montra avec une note satyrique que nulle nation n'en voulait plus trop'.

— Vers sur la Mort de Dr Swift

Comme il sied à l'époque des lumières, le XIXe siècle vit aussi l'émergence de nouveaux types de bâtiment. Rejoignant les fantomatiques ruines monastiques des campagnes lointaines et des villes et cités naissantes vinrent de nouvelles sortes de bâtiments: prisons, asiles, maisons de travail, hall de marché et tribunaux. Ils étaient à la fois les expériences de laboratoire de l'impérialisme, ainsi que les produits de la pensée 'éclairée'. D'une manière caractéristique et tragique, les bonnes intentions de l'Angleterre avaient souvent un résultat opposé en Irlande.

On peut percevoir l'existence pendant des siècles d'une architecture de l'establishment ou officielle en Irlande, bien qu'avant tout préoccupée par l'édification de fortifications militaires et par la consolidation de l'empire. Vu que l'Etat Nouveau (après 1923) phagocyta et absorba de nombreuses institutions coloniales, l'histoire officielle de l'architecture gagne à être étudiée à partir des divers réalisations de l'Office of Public Works qui fut officiellement mis en place en 1831. Le XIXe siècle a vu l'Office of Public Works s'engager dans la conception de nouvelles typologies telles que les asiles d'aliénés, prisons et maisons de travail, en plus du fait d'avoir été chargé de la gestion des bâtiments appartenant à l'Etat, y compris de l'entretien du siège symbolique de l'empire, le Château de Dublin. Le fait que l'OPW prenne aujourd'hui encore part à des projets dans lesquels il participait déjà au XIXe siècle, y compris l'aménagement du Château de Dublin pour y recevoir la Présidence Européennes de l'Irlande, est peut-être un témoignage propre à la civilisation irlandaise.

Les maisons de travail, signes avant-coureur de l'Etat providence, furent construit d'abord en Irlande sur une base expérimentale, avant d'être construit en Angleterre, en réponse aux famines sporadiques de la fin du XVIIIe et du début XIXe siècle. Le fait qu'un réseau de tels bâtiments existaient avant la famine cataclysmique de 1845-48 semblait presque tenter le diable. Et peu de bâtiments sont le receptacle d'autant de mépris de la part de la mémoire collective irlandaise.

La juxtaposition de l'appauvrissement matériel et des progrès techniques caractérise les différents aspects de l'architecture et de l'urbanisme du XIXe siècle. (Cet argument devient évident pour XXe siècle d'une autre manière). Dublin

Proposition de redoute à Postbridge, Portsmouth, Angleterre

L'architecture 'officielle' incluait souvent des fortifications. Ce projet, dû à l'ingénieur militaire huguenot franco-flamand Jacques Wibault, est extrait du Traité de l'architecture militaire (1701), et met en évidence l'influence de Vauban, qui servit en Irlande et travailla aux fortifications d'Athlone en 1720. Les ingénieurs militaires dessinèrent fréquemment les plans des bâtiments officiels d'Irlande dans la période qui suivit la Réforme.

Proposed Redoubt at Postbridge, Portsmouth, England

'Official' architecture often involved fortifications. This proposal by the Flemish-French Huguenot military engineer Jacques Wibault, from Traute de l'architecture militaire (1701), shows the influence of Vauban, who served in Ireland and worked on the fortifications of Athlone in 1720. Military engineers frequently designed institutional buildings in post-Reformation Ireland.

Système Ferroviaire Aérien, 1845
Charles Vignoles

Un fragment du Dublin 'non construit' qui met en lumière la dualité d'une pensée conceptuelle progressiste et du retard économique qui a caractérisé l'Irlande jusque très récemment.

Elevated Railway System, 1845
Charles Vignoles

This is a fragment of 'unbuilt' Dublin which underlines the duality of the progressive conceptual thought and economic backwardness which characterised Ireland until very recently.

both laboratory experiments of imperialism and products of 'enlightenment' thinking. Characteristically and tragically, the benign intent of England often had the reverse results in Ireland.

An official or establishment architecture can be seen to have existed in Ireland for centuries, albeit primarily concerned with military fortifications and the consolidation of empire. Insofar as the new state (post-1923) subsumed and absorbed many colonial institutions, the history of official architecture is best studied in the diverse achievement of the Office of Public Works, which was formally established in 1831. The 19th century saw the Office of Public Works (or Board of Works) engage in the design of the new typologies such as lunatic asylums, jails, and workhouses, besides being vested with the care of the State premises, including the upkeep of the symbolic seat of empire, Dublin Castle. It is perhaps a testimony to inherent Irish civilisation that to this day the OPW is still engaged in projects it was involved in during the 19th century, including the adaptation of Dublin Castle as Ireland's European Union base.

Workhouses, harbingers of the Welfare State, were constructed first in Ireland on an experimental basis, before being built in England, in response to sporadic famines in the late 18th and early 19th centuries. The fact that a network of such buildings pre-existed the cataclysmic famine of 1845-48 seemed almost an invitation to fate. Few buildings are so reviled in the collective mass-memory of Ireland.

A juxtaposition of material impoverishment and technical innovation characterised aspects of architecture and urbanism of the 19th century. (This counterpoint becomes evident in a different guise in the 20th century.) Dublin had the first suburban railway in the world (1841), although Liverpool may argue this point. As contemporary Dublin anticipates a new tramway system at the end of the millennium, another tangential connection between emergent innovation in urban mass-transport technology (Paris, London) and the periphery of Europe is worth noting.

The Irish engineer Vignoles (of Huguenot extraction) prepared a proposal for an elevated urban railway for Dublin. This joins the list of grand projects, the unbuilt Ireland. Of a more durable nature were the achievements of Richard Turner, whose engineering workshops in Dublin propelled the development of conservatory architecture and anticipated construction of the Crystal Palace. The ever-increasing importation of the exotic spoils of the Empire demanded the availability of large-span, glazed structures.

Further testimony to the process of cyclical architectural reclamation was the recent rehabilitation of Turner's curvilin-

s'était dôté d'un train de banlieue, première mondiale que Liverpool conteste également (1841). Alors que Dublin envisage aujourd'hui de se doter d'un nouveau réseau de tramway d'ici la fin du siècle, c'est une autre connexion tangible entre une innovation dans la technologie du transport public urbain (Paris, Londres) avec la périphérie de l'Europe qui vaut d'être noté. L'ingénieur irlandais Vignoles (de descendance Huguenode) avait déjà proposé des voies ferrées surélevées pour Dublin. Elles rejoignèrent la liste des grands projets, de l'Irlande 'non construite'.

Les réalisations de Richard Turner, dont les ateliers d'ingénierie à Dublin ont lancé le développement des serres architecturales et anticipé la construction du Palais de Cristal, furent quant à elles de nature plus durable. Les importations toujours en hausse de gâteries exotiques de l'empire nécessitaient des structures vitrées de grande envergure.

D'autres témoignages de ce processus architectural cyclique de reconquête fut la récente rénovation de la serre courbe de Turner au Jardin Botanique National de Dublin (1845-48). Cette magnifique structure fut restaurée (par l'Office des travaux Public en 1994) avec l'aide d'éléments en fonte, rebuts provenant (de manière ironique) de la Palm House des jardins de Kew Gardens à Londres, récemment rénovée et qui avaient eux aussi été fabriqués par Turner à Dublin. Turner était un victorien par excellence croyant fortement dans l'efficacité technologique. Il exporta des serres jusqu'à St Petersbourg. Turner reste l'un des quelques architectes basés en Irlande à avoir 'exporté' de l'architecture. Cependant s'il ne fut pas le seul concepteur-constructeur irlandais à devenir célèbre hors Irlande pour ses travaux au XIX° siècle, sa maîtrise de la fonte, du varre et de la préfabrication présage les développments à venir du XX° siècle. Thomas Deane et Benjamin Woodward émergèrent comme les maîtres talentueux et innovateurs de la renaissance du gothique de l'école Ruskinienne, leur exportation la plus célèbre étant le Musée d'Oxford en Angleterre.

Les éléments gothiques faisaient partie de la panoplie néoclassique irlandaise, étant souvent le langage favori des bâtiments ornementaux et 'fonctionnels'. ('Capability Brown', père de l'école anglaise de paysagisme conçu lors d'une de ses rares excursions en Irlande les étables et les bâtiments de ferme du Château de Slane dans la manière gothique du milieu du XIX° siècle). Il refusa plus tard de travailler à Carton dans le comté de Kildare, déclarant qu'il ne pourrait pas venir avant 'qu'il en ai terminé avec l'Angleterre'. Dame Pamela Fitzgerald fit donc le travail elle-même!

Si l'Acte d'Union priva la classe dominante de mentors culturels et d'auto-confiance tribale (comme cela fut le cas), la

Kilkenny en 1860-80

Cette précieuse photographie donne un aperçu de l'étagement chronologique d'une ville irlandaise à la fin du XIXe siècle. D'humbles chaumières forment le premier plan devant un prieuré dominicain fondé par les Normands en 1125. Ce prieuré devint une église protestante après la Réforme. La cathédrale catholique, nouvellement construite, domine la ligne d'horizon.

Kilkenny in 1860-80

This rare photograph gives some insight into the chronological layering of an Irish town in the late 19th century. Humble thatched cottages form the foreground to the Dominican priory, founded by the Normans in 1125. It became a Protestant church after the Reformation. The newly constructed Catholic cathedral dominates the skyline.

Musée de l'Université, Oxford
Architectes: Deane et Woodward

Le sytle néogothique supplanta le néoclassicisme à partir du milieu du XIXe siècle. Deane et Woodward en furent peut-être les meilleurs représentants, associant la maîtrise de ces sources historiques avec l'utilisation des matériaux nouvellement apparus, tels que l'acier et la fonte. Cette remarquable photographie montre le musée de l'Université d'Oxford durant sa construction (1860).

University Museum, Oxford
Architects: Deane and Woodward

The Gothic Revival supplanted neo-Classicalism from the mid-19th century. Deane and Woodward were perhaps the finest native exponents, combining a command of those historical sources with emerging new materials, such as steel and cast iron. This remarkable photograph shows the University Museum of Oxford under construction (1860).

ear range at the National Botanic Gardens in Dublin (1845-48). This magnificent structure was (ironically) restored by the Office of Public Works in 1994 with the assistance of discarded cast-iron elements from the recently restored Palm House at Kew Gardens in London, which was fabricated by Turner in Dublin. Turner was a quintessential Victorian with a strong conviction in the efficacy of technology. He exported conservatories as far as St Petersburg. He remains one of the few Irish-based 'exporters' of architecture. Although he was not the only Irish building designer to achieve distinction outside Ireland in the 19th century, his mastery of cast-iron, glass and pre-fabrication presaged developments throughout the 20th century. Thomas Deane and Benjamin Woodward emerged as elegant and innovative masters of the Gothic revival of the Ruskinian School, their most famous export being the Museum at Oxford in England.

Gothic elements were part of the Irish neo-classical panoply, often being the favoured language for ornamental and 'functional' buildings. 'Capability' Brown, father of the English landscape school, in one of his few excursions to Ireland designed stables and farm buildings at Slane Castle in the Gothic manner in the mid 1800s. He earlier rejected to undertake work at Carton in Co Kildare, declaring that he could not come until 'he had finished England'. Lady Pamela Fitzgerald got on with the job on her own!

If the Act of Union deprived the ruling classes of cultural mentors and tribal self-confidence (and it did), then the Gothic Revival fed its natural appetite for fantasy. The 19th century saw a flowering (sometimes to seed) of romantic revival extravaganzas. Some fine Hiberno-Palladian houses were overlaid with crenellations, towers and battlements. Some invoked Hiberno-Romanesque motifs to create architectural theatre, as at Dromore Castle in Co Limerick, which borrows heavily on the Rock of Cashel. Sources of inspiration were as diverse as medieval France, Venice, Tuscany and the Orient.

Deane and Woodward's portfolio of Gothic Revival buildings in Ireland shows the restraint and control of masters. Their best known works in Dublin, the Kildare Street Club (now the Alliance Française) and the Engineering Building at Trinity College, show a total command of their Italianate medieval models. As befits high Victorians, they also demonstrated a command of technology in the manner in which heating systems are integral to the structure. The sardonic carvings by their preferred masons, the O'Shea brothers, give a playful subtext to their buildings in Dublin and Oxford in the manner of their anonymous medieval masters. Their design for a progressive farm at Lough Rynn in Co Leitrim in 1858 is

renaissance gothique combla en revanche leur appétit de fantasque. Le dix neuvième siècle fut témoin d'une floraison (allant parfois même porter graine) des extravagances de la renaissance romantique.

Certaines admirables maisons hiberno-palladiennes furent dotées de créneaux, tours et remparts. D'autres firent appels à des motifs hiberno-romanesques pour créer de théâtres d'architectures, tel Dromore Castle, dans le comté de Limerick, qui s'inspire largement du Rocher de Cashel. Les sources d'inspiration furent aussi variées que la période médiévale française, vénitienne, toscanne et l'Orient.

Les édifices de la renaissance gothique de Deane et Woodward en Irlande montrent la retenue et le contrôle de maîtres. Leurs ouvrages les plus connus se trouvent à Dublin, le Kildare Street Club (hébergeant aujourd'hui l'Alliance Française) et le bâtiment d'Ingénierie à Trinity College attestent d'une maîtrise complète de leurs modèles médiévaux italiens. Comme il sied à de grands victoriens, ils ont aussi fait preuve d'une maîtrise technologique dans la manière avec laquelle les systèmes de chauffage ont été intégrés dans la structure. Les sculptures sardoniques de leurs maçons préférés (les frères O'Shea) donnent un aspect ludique sous-jacent à leurs édifices de Dublin et d'Oxford, à la manière de leur maîtres médiévaux anonymes. Leur conception d'une ferme nouvelle à Lough Rynn (comté de Leitrim) en 1858 contraste de manière intéressante avec l'apocalypse de la Famine qui ravaga l'Irlande de la moitié du XIXe siècle et qui vit la population de l'île réduite de moitié, conséquence de décès et d'émigration. Cent cinquante ans après la Grande Famine, la psyché irlandaise reste confrontée aux conséquences de ce qui fut (de manière relative) l'une des plus grandes catastrophes de l'histoire moderne. Le XIXe siècle fut une période de grands tumultes et, de l'opinion de l'auteur, et constitue l'époque ayant en grande partie forgé le caractère de l'Irlande du XXe siècle, jusqu'à relativement récemment.

La révolution suivit en 1848 (l'année des révolutions en Europe). Les *Young Irelanders* [Jeunes Irlandais], un groupement d'intellectuels éduqués et fougueux représentant toutes les traditions tribales (et influencés par la Jeune Italie de Mazinni), organisèrent un soulèvement qui fut sans succès. Ils marquèrent aussi la fin de l'extraordinaire tradition de résistance passive engagée par Daniel O'Connell, père du mouvement d'émancipation catholique (obtenue en 1829) et de la révocation, sans succès, de l'Union avec la Grande-Bretagne. Son invention de techniques de résistance passive allait plus tard influencer Ghandi dans sa lutte pour l'indépendance indienne. Avant le mouvement d'Emancipation Catholique, le culte catholique était soit clandestin, soit bienveillamment

toléré. La destruction des monastères par Henry VIII 300 ans auparavant, puis par Cromwell, avait fait disparaître tout espoir d'un rétablissement d'édifices ecclésiastiques.

Les églises protestantes furent confrontées à un dilemme similaire. Alors que l'Église d'Irlande (Church of Ireland, protestante) a occasionnellement inclus et annexé des églises et monastères existants déjà, elle a néanmoins aussi contribué à la spécificité des églises irlandaises protestante/anglicanes, dont nombre ont tristement rejoint les fantômes des Grandes Maisons dont elles dépendaient souvent. La diversité de l'architecture anglicane qui a fleuri depuis le temps des plantations Elisabéthaines, a alterné entre néoclassique et néogothique. En dépit de cette diversité, elles sont maintenant généralement caractérisées par l'image d'une simple connexion entre 'hall' et tour.

L'Eglise catholique résurgente s'est données pour but d'affirmer sa présence en tant que mentor spirituel de la majorité de la population. La convergence de la famine avec une campagne monumentale pour des églises et bâtiments ecclésiastiques associés a fortement influencé la compréhension contemporaine de l'architecture suivant l'émancipation catholique. Parfois gauche et triomphaliste dans son échelle et ses ambitions, le simple fait que de tels édifices purent être construit en dépit d'une culture matériellement dénuée doit au moins témoigner d'un extraordinaire élan humain. En tant que phénomène architectural, l'émergence d'un nouveau langage architectural et de typologies telles qu'écoles, couvents et monastères, a contribué aux transformations du paysage de la moitié et de la fin du XIXe siècle. Cela a aussi permis l'émergence d'une première génération d'architectes catholiques et contribué à l'exploration du mouvement revivaliste irlandais de la fin du XIXe et début XXe siècle.

L'absence aussi bien d'architectes indigènes catholiques, que d'artisans, ne laissa d'autre choix que leur importation, voire même dans certains cas, d'embauche d'architectes non catholiques. Certains des édifices les plus remarquables de cette période résultèrent de commandes directes à l'architecte anglais catholique Edward Welby Pugin (1834-75), ou en collaboration avec son ancien apprenti et partenaire George Coppinger Ashlin (1837-1921), né à Cork.

Si un projet se doit de démontrer symboliquement les contradictions de l'époque, c'est bien la monumentale cathédrale St Colman de Cobh, Comté de Cork. Ce projet (ici montré dans sa première version) fut commencé en 1868. La construction se poursuit jusqu'en 1919 quand le budget atteint la somme de £235,000, pour un budget initial de £33,000 en 1868. En données d'aujourd'hui, la budget serait 200 fois cette somme. Le fait que Cobh était le principal port d'embarcation

Le Village Industriel Irlandais, Exposition Universelle de Chicago, 1892-93
Architecte: Laurence McDonnell

C'est l'un des deux 'villages' irlandais de l'exposition universelle de Chicago (à la suite d'une division typiquement irlandaise). L'imagerie évoque la vision romantique nostalgique de l'Irlande qui caractérisa la renaissance gaélique (ou celtique).

The Irish Industrial Village, Chicago World Fair, 1892-93
Architect: Lawrence McDonnell

This is one of two Irish 'villages' at the Chicago World Fair (there was a characteristically Irish split). The imagery conveys the romantic, nostalgic vision of Ireland which pervaded the Gaelic (or Celtic) Revival.

an interesting counterpoint to the apocalypse of the Famine, which devastated mid-19th-century Ireland and saw the population of the island halved, either through death or emigration. One hundred and fifty years after the Great Famine, the Irish psyche has still to confront the impact of what was (relatively) one of the greatest catastrophes of modern history. The 19th century was a period of great tumult, and, in this writer's opinion, the epoch that defined a great deal of the character of 20th-century Ireland until comparatively recently.

Revolution followed in 1848 (the year of revolutions in Europe). The Young Irelanders, a grouping of spirited and educated intellectuals representing all tribal tradition (and influenced by Mazzini's Young Italy), staged an unsuccessful uprising. They also terminated the extraordinary tradition of passive resistance, initiated by Daniel O'Connell, father of the movement for Catholic Emancipation (achieved in 1829) and for the unsuccessful Repeal of the Union with England. His invention of passive resistance techniques was to influence Ghandi in the struggle for Indian independence. Prior to Catholic Emancipation, Catholic worship was either clandestine or benignly tolerated. The destruction of monasteries by Henry VIII 300 years earlier, and subsequently by Cromwell, eliminated the prospect of a return to established ecclesiastical buildings.

Protestant church-building was confronted with a similar dilemma. While the Church of Ireland (Protestants) did occasionally subsume and annexe existing monasteries and churches, it also contributed a characteristic Irish Protestant/Anglican church, many of which, sadly, have joined the ghosts of the Big Houses, of whose demesnes they were often part. The language of Anglican church architecture, which flourished from the Elizabethan plantations onwards, alternated between neo-classical and neo-gothic. Notwithstanding language, they are generally characterised by a simple connection of hall and tower.

The resurgent Catholic Church set about asserting its presence as the spiritual mentor of the majority population. The convergence of the Famine with a monumental campaign of church and related institutional building has coloured contemporary understanding of post-Emancipation, 'Catholic' architecture. Sometimes gauche and triumphalist in scale and aspiration, the very fact that such buildings could be undertaken in a materially devastated culture must, at the very least, reflect an extraordinary human impulse. As an architectural phenomenon, the emergence of new ecclesiastical languages and typologies, such as convents, schools and monasteries, contributed to the transformation of the middle and late 19th-century landscape. It also precipitated the first generation of

de centaines de milliers d'émigrants partant vers le Nouveau Monde, en rajoute à son caractère poignant: ce sont ces émigrants qui financèrent sa construction.

Une anecdote de cette périod lie l'évolution de l'architecture à celle de l'Etat moderne. Le père du patriote-poète Patrick Pearse (exécuté avec son frère William et les autres dirigeants de la révolution de 1916) était le fils d'un tailleur de pierre et sculpteur anglais venu en Irlande pour satisfaire la demande en artisans ecclésiastiques. William Pearse était un fin sculpteur, dont la Pieta, dans l'église néoclassique catholique de Westland Row à Dublin, vaut un détour.

L'éducation de Pearse en tant que révolutionnaire se fit lors d'une période d'exceptionnelle fermentation culturelle et politique, les deux dernières décennies du XIXe siècle; une période qui vit l'Irlande être réinventée par une génération extraordinaire de poètes, hommes politiques et artistes. Une révolution Féniane prit place en 1867. Ce fut la situation fragmentée d'une culture décimée de l'après famine qui constitua l'arrière plan de l'émergence des militants Fenians et de la Confrérie Républicaine Irlandaise (ancêtre de l'IRA). Ce fut aussi une période ou le nationalisme constitutionnel forgea la réforme agraire en Angleterre.

La renaissance gaélique était un mouvement organique qui a fait se rassembler différentes tentatives et approches intellectuelles, politiques et artistiques cherchant à reconstruire et réinventer l'Irlande. Les protagonistes les plus connus mondialement en seraient WB Yeats et JM Synge. Cependant, un certain James Joyce fut brièvement immergé dans ce bouillon de culture. Il prit des leçons de gaélique avec Pearse, avant de devenir désillusionné par l'antagonisme réactionnaire de son héros Parnell. Nous savons qu'il s'en est allé ailleurs forger 'dans la forge de mon âme, la conscience de ma race non encore créée'. Ce fut immanquablement un mouvement de l'élite éduquée anglo-irlandaise. Une des premières expression de l'impulsion visant à définir l'Irlande se retrouve dans le projet de Village Industriel Irlandais à la Foire Mondiale de Chicago en 1892-93. C'était l'idée personnelle de la remarquable Lady Aberdeen, qui fut l'une des pionnières de la renaissance de l'industrie artisanale celte comme moyen de soulager la pauvreté rurale. Montage artificiel et réduit de cottages, châteaux et ruines factices: il s'agissait assez d'une caricature de l'Irlande 'romantique'. Au milieu de ce pot-pourri historique se trouvait un théâtre et les aires d'exposition. Plus intéressante que le 'village' même était l'expression naissante de conscience d'une nation et qui reflétait l'élan de la renaissance gaélique. Ce projet contraste avec le Pavillon Irlandais de la Foire Mondiale de New York (1939).

Si Dieu a inventé le whisky pour empêcher les irlandais

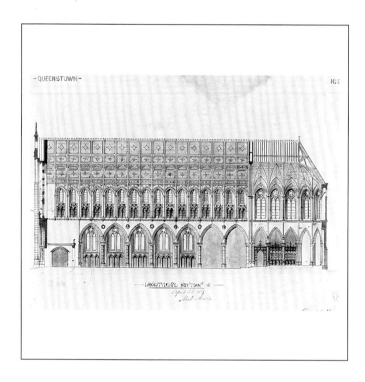

Cathédrale St Colman, Cobh, Co Cork
Architectes: Edward Welby Pugin (1834-1875) et George Coppinger Ashlin (1937-1921)

GC Ashlin épousa l'une des sœurs de Pugin. Pugin était le fils aîné d'Augustus Welby Northmore Pugin, l'un des plus grands architectes victoriens anglais. Les Pugin (père et fils) dessinèrent certaines des plus belles églises catholiques néogothiques en Irlande. Le partenariat d'Ashlin avec Pugin prit fin en 1868. Le cabinet Ashlin and Colman qui lui succéda devint l'un des principaux cabinets 'catholiques' d'architectes, et existe encore de nos jours.

St Colman's Cathedral, Cobh, Co Cork
Architects: Edward Welby Pugin (1834-1875) and George Coppinger Ashlin (1837-1921)

GC Ashlin married one of Pugin's sisters. Pugin was the eldest son of Augustus Welby Northmore Pugin, one of the greatest English Victorian architects. Pugin (father and son) designed some of the finest Gothic Revival Catholic churches in Ireland. Ashlin's partnership with Pugin dissolved in 1868. The succeeding firm of Ashlin and Colman became one of the major 'Catholic' architectural firms, and are still active today.

Catholic architects, and contributed towards the exploration of Irish revivalism in the late 19th and early 20th century.

The absence of both native Catholic architects and craftsmen inevitably meant the importation of both, and indeed in some cases, the employment of non-Catholic architects. Some of the finest works of the period were direct commissions by the English Catholic architect Edward Welby Pugin (1834-75), or in collaboration with his former apprentice and partner George Coppinger Ashlin (1837-1921), who was born in Cork.

If one project symbolically demonstrates the paradoxes of the time it is the monumental cathedral of St Colman at Cobh, Co Cork. This project, shown in its first iteration here, was commenced in 1868. Building continued till 1919, when the budget had expanded to a figure of £235,000 from an initial £33,000 in 1868. In contemporary terms, the cost would be about 200 times that figure. The fact that Cobh was the main point of embarkation for the hundreds of thousands of emigrants departing to the New World adds a particular poignancy, given that these emigrants funded its construction.

A footnote to this period links the passage of Irish architecture to the evolution of the modern State. The father of the poet-patriot, Patrick Pearse (executed with his brother William and the other leaders of the 1916 Rising), was the son of an English stone craftsman and sculptor who came to Ireland to service the expanding requirement for ecclesiastical artisans. William Pearse was a fine monumental sculptor, whose Pieta in the neo classical Catholic church at Westland Row in Dublin is of some note.

Pearse's formation as a revolutionary was in a period of extraordinary political and cultural ferment in the last two decades of the 19th century, a period which saw Ireland re-invented by an extraordinary generation of poets, politicians and artists. A Fenian revolution had occurred in 1867. The fragmented and culturally decimated context of post-famine Ireland was the backdrop against which militant revolutionaries such as the Fenians and the Irish Republic Brotherhood (antecedents of the IRA) emerged. It was also a period when constitutional nationalism wrought agrarian reform from England.

The Gaelic (or Celtic) Revival was an organic movement which brought together various stands of intellectual, political and artistic endeavour, which sought to reconstruct and re-invent Ireland. The best known international protagonists would be WB Yeats and JM Synge. However, one James Joyce was briefly immersed in the cauldron. He took Irish language lessons from Pearse, before being disillusioned by the reactionary antagonists of his hero Parnell. We know he went elsewhere to forge 'in the smithy of my soul the uncreated conscience of my race'. This, inevitably, was a movement of the educated elite, many of whom were Anglo-Irish. An early expression of the impulse to define Ireland is evidenced in the project for an Irish Industrial Village at the Chicago World Fair of 1892-93. This was the brainchild of the remarkable Lady Aberdeen, who had pioneered Celtic Revival craft-based industry as a means of alleviating rural poverty. A contrived assemblage of cottages, scaled-down castles and mock ruins, it was very much a caricature of 'romantic' Ireland. Within this potpourri of historicist stage sets was a theatre and exhibition areas. Of more significance than the 'village' itself was the nascent expression of nationhood which reflected the impetus of the Celtic Revival. This project bears contrast with the Irish Pavilion at the New York World's Fair of 1939.

If God invented whiskey to prevent the Irish from ruling the world, in the cycle of Irish church architecture he ensured that some of the profits went to good use. Yet another tangential connection brought the English Gothic polemicist, Charles Street, to Dublin, to transform and 'Gothicise' the Protestant cathedral of Christchurch. This cathedral, of Hiberno-Norse origin, was later expanded by the Normans. It was usurped after the Reformation to become the main Protestant cathedral. The benevolence of a successful Protestant distilling dynasty paid for the Gothic Revival overlay, which conveys the impression of a continental European-scaled cathedral which Ireland historically lacked. An equally benevolent brewery family facilitated a similar, if less romantic, reworking of the neighbouring Protestant cathedral of St Patrick's.

Side by side with romantic fantasy, one of Ireland's truly innovative 19th-century buildings was (literally) brewing. The production of Guinness beer, close to the site of Viking Dublin, required a formidable array of construction and engineering skills. The Market Street Store an early atrium-plan, steel-framed building, echoes contemporary building in Chicago, embodied in the works of Richardson and Louis Sullivan, who was of Irish-French parentage. Its inception at the end of the century and completion in November 1904 just pre-dates the Ritz Hotel in London, making it the first steel-framed, multi-storey building in Ireland and Britain.

This is an appropriate note on which to conclude our visit to 19th-century Ireland, a century which saw the forebears of Louis Sullivan depart Ireland.

de dominer le monde, dans le cycle de l'architecture irlandaise, il s'est néanmoins assuré quelques bénéfices soient mis au profit d'une bonne cause. Une autre connexion tangible a amené à Dublin l'anglais et polémiste gothique Charles Street, pour transformer et 'gothiser' la cathédrale (protestante) de Christ Church. Cette cathédrale, d'origine hiberno-scandinave, fut par la suite agrandie par les normands. Elle fut usurpée pendant la Réformation pour devenir la plus importante cathédrale protestante. La bienveillance d'une dynastie de distillateurs prospère, finança le revêtement en Revival Gothique lui donnant l'apparence d'une cathédrale de taille européenne dont l'Irlande manquait jusqu'alors. Une autre famille de brasseurs également généreuse permis une rénovation similaire (bien que moins romantique) de la cathédrale (protestante) voisine de St Patrick.

Côte à côte avec des fantaisies romantiques, l'un des édifices irlandais du XIXe siècle véritablement novateur était (littéralement) bouillonant. La fabrication de la bière Guinness proche du site du Dublin des vikings, nécessita un formidable éventail de talents constructifs et d'ingénieurie. Le magasin de Market Street et son atrium à structure d'acier fait écho aux édifices contemporains de Chicago avant pris corps avec les travaux de Richardson et de Louis Sullivan, qui était d'origine franco-irlandaise. Sa construction étalée de la fin du siècle dernier à 1904 devance juste l'Hotel Ritz de Londres; en faisant ainsi le premier bâtiment de plusieurs étages en structure d'acier d'Irlande et d'Angleterre.

Voici une note sur laquelle il est approprié de conclure notre itinéraire dans l'Irlande du XIXe siècle, un siècle qui vit les ancêtres de Louis Sullivan quitter l'Irlande.

LE XXe SIECLE: COUPER LE CORDON OMBILICAL: LE LABORATOIRE POST-COLONIAL

L'Irlande est un petit pays où les plus importantes questions de politique, de morale et d'humanité se sont dé battré.

— Gustave Beaumont, *l'Irlande politique*

L e début du XXe siècle a vu les tensions et les paradoxes des deux décennies précédentes s'intensifier et devenir plus complexe. D'un côté, l'accalmie politique apportée par la promesse d'une autonomie limitée sous la forme du gouvernement autonome (Home Rule) de la part de la Grande-

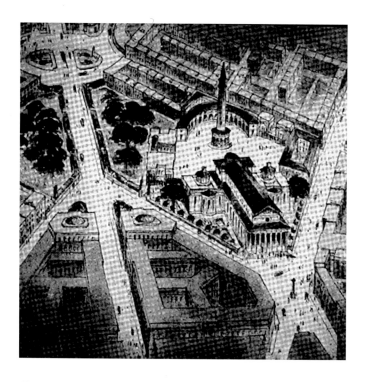

Abercrombie's Dublin

Le surimposition hausmannienne d'Abercrombie pour la ville de Dublin ne fut pas réalisée. Ce fragment du plan met en évidence les principes formels sous-jacents du concept d'Abercrombie.

Abercrombie's Dublin

Abercrombie's Hausmannian overlay of Dublin was not realised. This fragment of the plan is indicative of formal principles underlying Abercrombie's concept.

THE 20TH CENTURY: CUTTING THE UMBILICAL CORD: THE POST-COLONIAL LABORATORY

Ireland is a small country where the greatest questions of politics, morality and humanity are fought over.
— Gustane Beaumont, *l'Irlande Politique*

The early part of the 20th century saw the tensions and paradoxes of the previous two decades intensifying and becoming more complex. On one hand, the benign climate created by the promise of limited autonomy in the form of Home Rule from Britain induced a remarkable flow of (unrealised) promise, particularly in the realms of urbanism and architecture. The opposing and ultimately determining force was the inexorable momentum towards revolution in 1916, with the declaration of a Republic.

The literary achievements of this epoch have overshadowed the many achievements in the realms of the crafts and applied arts. Clearly this movement, while Celtic and Irish in expression, echoed the more global post-industrial return to mythology and history and hand-crafted objects, as expressed in Art Nouveau, Jurgenstil and the Arts and Crafts movement in England.

The patronage of the Catholic Church was particularly important in providing a context for a Hiberno-Romanesque and Celtic revival in architecture.

The underrated WA Scott explored a stylised and elegant Celtic Revival style in his O'Growny Memorial Tomb in Maynooth (1904). Seán Rothery notes that his approach to this design is similar to Louis Sullivan's Wainwright tomb in St Louis (1892). An elegant pre-modern, Voysey-influenced Art Nouveau architect, Scott also produced buildings anticipating the elements of Art Deco by twenty years. RM Butler, who was to succeed Scott as Professor of Architecture in the National University also embraced stylised Hiberno-Romanesque as a preferred expression in Irish church building.

The move away from hybridised, European Gothic models in favour of Hiberno-Romanesque was consolidated by the turn of the century. The better examples show sophisticated distillation of the substance of their sources and the integration of contemporary craft of very high quality.

Hugh Lane, a relative of Yeats' great protégé and mother-figure of the Celtic Revival, Lady Augusta Gregory, bequeathed his art collection to Ireland. The eminent English architect Edwin Lutyens, the form-giver of imperial England (best known for his design of New Delhi), proposed a radical scheme to create a new gallery in the form of two pavilions, linked by an elegant bridge over the Liffey. Lutyen's proposal provoked great controversy and antagonism, some of which was defensive and xenophobic. His antagonists may not have known that Lutyen's mother was Irish!

Perversely another piece of unbuilt Ireland died in the same year as Hugh Lane. He was drowned in the sinking of the Lusitania in 1916. The Easter Rising also took place in 1916. Lutyen's did however contribute to Ireland in the form of the elegant and splendid Irish National War Memorial, built between 1930 and 1940, to commemorate the Irish men who died in the First World War.

As further testimony to the Ireland's habit of being tangentially connected to global ideas, the Scot Patrick Geddes, one of the fathers of urbanism, together with Raymond Unwin, the co-founder of the Garden Cities movement, was one of a team that won the Dublin Town Planning Competition of 1914, under the patronage of Lady Aberdeen. A subsequent competition-winning entry by Patrick Abercrombie of Liverpool (a devotee of Hénard, the French architect who was a disciple of Hausmann) became, in diluted form, the blueprint for the future planning of Dublin. This plan identified Wood Quay, the Viking womb of Dublin, as the location for new civic offices. The plan was interpreted in a pragmatic and dispassionate manner after the founding of the new State. If realised, Dublin would have been overlaid with a strong Hausmannian order, with a long axial route culminating on a proposal for (inter alia) a new Catholic cathedral, in the foreground of which would have been a campanile, 130m high, encircled by an arcade, which was to contain medallion busts of Irish saints in the spandrels of simple roman arches, and below a series of cenotaphs to famous Irishmen.

Following a bloody civil war (a behavioural pattern characteristic of subsequent post-colonial struggles), the fledgling state, in the now partitioned island, set about the process of nation building. The convergence of independence with the emergence of the Modern Movement offered the State an interesting choice in respect of its architectural expression. Contrary to many misconceptions prevalent in Ireland to this day, the debate about architecture was, however limited, erudite, sophisticated and informed. Seán Rothery's trojan research has illuminated some of this debate. The contributions of Darrell Figgis, a minister in the new Free State government are remarkable, particularly when contrasted with the reaction of the British establishment of the time, which saw the new architecture as part of a Judaic/Bolshevik conspiracy.

Bretagne a entraîné un flux remarquable de promesses (non-réalisées), surtout dans les domaines de l'urbanisme et de l'architecture. D'un autre côté, le processus adverse et en fin de compte déterminant était l'évolution inexorable vers la révolution de 1916, avec la Déclaration de la République.

Les réalisations littéraires de cette époque ont éclipsé les nombreuses réalisations en matière d'artisanat et d'arts appliqués. De toute évidence, ce mouvement, tout en étant celte et irlandais dans son expression, fait écho au retour post-industriel plus global à la mythologie, l'histoire et les objets faits à la main, comme ceci a été exprimé dans l'Art Nouveau, le Jurgenstil et le mouvement de Arts and Crafts Angleterre.

Le patronage de l'Eglise catholique a été tout particulièrement important, ayant fourni les bases du renouveau hiberno-romanesque et celte en architecture.

L'architecte mal-connu WA Scott a exploré un style de renouveau celte stylisé et élégant dans sa Tombe à la mémoire de O'Gowry, à Maynooth (1904). Seán Rothery note que son approche de la conception est similaire à celle de la tombe de Wainwirght de Louis Sullivan à St Louis (1892). Un Voysey élégant et pré-moderne a influencé l'Art Nouveau (architecture). Scott a également conçu des bâtiments qui avaient 20 ans d'avance sur les éléments de l'Art Déco. RM Butler, qui a succédé à Scott en tant que Professeur d'Architecture à l'Université Nationale, a également embrassé le style hiberno-romanesque stylisé comme moyen d'expression préférée pour la construction d'églises irlandaises.

L'évolution des modèles gothiques européens hybridés vers l'hiberno-romanesque s'est renforcée à la fin du siècle. Les meilleurs exemples signalent un condensé sophistiqué de la substance de leur sources et l'intégration de l'art contemporain de très haute qualité.

Hugh Lane, parent de Lady Augusta Gregory, protégée de Yeats et figure-mère du Renouveau celte, a légué sa collection d'art à l'Irlande. L'éminent architecte anglais Edwin Lutyens, qui a donné sa forme à l'Angleterre impériale (plus connu surtout pour sa conception de New Delhi) a proposé un plan radical pour créer une nouvelle galerie composée de deux pavillons reliés par un élégant pont au dessus de la Liffey. La proposition de Lutyens a suscité beaucoup de polémiques et d'antagonismes, dont certains étaient de nature défensive et xénophobe. Ses adversaires ne savaient peut-être pas que sa mère était irlandaise.

Ironiquement, une partie de cette Irlande non construite est morte la même année que Hugh Lane: il mourut noyé dans le naufrage du Lusitania en 1916. La Rébellion de Pâques eut également lieu en 1916. Lutyens a cependant laissé une contribution à l'Irlande: le Monument aux Morts National Irlandais, construit entre 1930 et 1940 qui commémore les Irlandais tombés durant la Première Guerre Mondiale.

Autre preuve de cette habitude qu'a l'Irlande d'être liée de façon tangible aux idées globales, l'Ecossais Patrick Geddes, l'un des pères de l'urbanisme faisait partie, avec Raymond Unwin, co-fondateur du mouvement des cités-jardins, de l'équipe qui gagna le Concours d'Urbainisme de Dublin en 1914, sous le patronage de Lady Aberdeen. Par la suite, Patrick Abercrombie de Liverpool (admirateur de Hénard, l'architecte français disciple de Haussmann), a gagné le concours, avec une proposition qui est devenue, sous une forme diluée, l'esquisse du projet de l'aménagement futur de Dublin. Ce plan identifiait Wood Quay, le noyau viking de Dublin, comme le site des nouveaux bâtiments municipaux. Ce plan a été interprété de manière pragmatique et impartiale après la fondation du Nouvel Etat. S'il avait été réalisé, Dublin aurait été imprégné d'un style fortement haussmanien, avec une longue route axiale dont le point culminant était une nouvelle Cathédrale catholique, avec en premier plan un campanile de 130m de haut, entouré d'une arcade, qui devait contenir des médaillons des bustes des saints irlandais dans les panneaux de remplissage d'arches romanes, et en dessous une série de cénotaphes à la mémoire d'Irlandais célèbres.

A la suite d'une guerre civile sanglante (mode de comportement caractéristique des luttes post-coloniales ultérieures) l'Etat naissant, dans cette île désormais divisée, entreprit de construire la nation. La convergence de l'indépendance avec l'émergence du Mouvement Moderne a offert à l'Etat un choix intéressant en ce qui concerne l'expression architecturale. Contrairement à beaucoup d'idées reçues ayant encore cours en Irlande aujourd'hui, le débat sur l'architecture était érudit, sophistiqué et bien informé, bien que limité. Les recherches impressionnantes du Seán Rothery ont éclairé une partie du débat. Les contributions de Darrell Figgis, ministre du gouvernement du nouvel Etat Libre, sont remarquables, surtout si on les compare aux réactions de l'Establishment britannique de l'époque, qui considérait la nouvelle architecture comme faisant partie d'une conspiration judaïque/bolchevique. En mars 1922, durant la première année de l'Etat Libre, Figgis, s'adressant à l'Association architecturale d'Irlande, rejetait l'idée d'un

> style national irlandais – qui consisterait de 'mensonges architecturaux' et de 'limitations'. Existe-t-il un style national d'architecture? Poursuivait-il. 'Je réponds que notre ancienne manière de faire s'est peut-être perdue; et peu m'importe si elle irrécupérable. Ce qu'il est

Pression Economique, 1936
Seán Keating (1889-1977)

La Pression Economique de Seán Keating est une représentation puissante de la douleur de l'émigration, une triste caractéristique du nouvel Etat. Les costumes que portent les personnages sont typiques de l'ouest de l'Irlande, et auraient encore été portés lorsque Michael Scott dessina le Pavillon Irlandais pour l'Exposition Mondiale de 1939. Keating exécuta une vaste peinture murale pour ce Pavillon.

Economic Pressure, 1936
Seán Keating (1889-1977)

Seán Keating's Economic Pressure is a powerful depiction of the pain of emigration, a sad feature of the new State. The costumes worn by his subjects are traditional in the west of Ireland, and would still have been worn at the time Michael Scott designed the Irish Pavilion for the 1939 World's Fair. Keating painted a large mural in the Pavilion.

In March 1922, in the first year of the new state, Figgis, in an address to the Architectural Association of Ireland, rejected the idea of

> an Irish National Style which would consist of 'architectural falsehoods' and 'limitations'. Is there a national style of architecture? I reply that our ancient manner may have been lost, and for all I care it may be irrecoverable, but it is not unimportant to remember that we once had a distinctive manner of our own in the handling of architectural problems ... First of all we must cleanse our minds of imitation, and in disengaging ourselves of antique manners, bring out work to simplicity and truth, shaping each building to necessity, and look for beauty in chastity and proportion. That is the task before all Irish art and is especially the task before Irish architecture.

This remarkable statement of any course sat side by side with a debate that saw the reconstruction of post-revolution Dublin, being couched in terms of neo-classicism on one hand, with the Nobel Laureate William Butler Yeats entering the debate by endorsing the modernist nationalist lines of Rayner Ostberg's Stockholm Town Hall as a paradigm for a future Irish architecture.

While this debate represented a cosmopolitan pole, an equally passionate tendency (perhaps reflecting a majority nationalist sentiment) was embodied in the sentimentalism of the archetypal romantic Irish freedom fighter, Michael Collins:

> Impoverished as the people are ... the outer aspect is a pageant. One may see processions of young woman riding down on island ponies to collect sand from the sea shore, or gathering turf, dressed in their shawls and brilliantly coloured skirts made of material, spun, worn and dyed by themselves. Their cottages also are little changed, they remain simple and picturesque. It is only in such places that one gets a glimpse of what Ireland may become again.

Collins' picture presaged a more famous vision for a frugally self-sufficient Maoist vision, postulated by his political rival Eamon de Valera twenty years later. The ruralist/cosmopolitan dialectic was (and is) a continuing theme in Irish cultural expression in the 20th century. Given that the majority of people were practising post-neolithic farming methods in the immediate shadow of the pastoral Irish idyll contrived by the intellectuals of the Gaelic Revival, this was understandable. Cities were still perceived as bastions of oppression and privilege. A quasi-official school of State painting, embodied in the works of Paul Henry, Maurice MacGonigal and Seán Keating, reinforced and reflected this 'official' image of Ireland.

important de se rappeler est que nous avons eu autre- fois une manière distincte dans la gestion des prob- lèmes architecturaux. Tout d'abord, nous devons nous débarrasser des imitations, et en nous libérant des manières anciennes, travailler en vue de la simplicité et de la vérité, façonnant chaque bâtiment en fonction de la nécessité; et chercher la beauté dans la chasteté et la proportion. Voici le défi auquel fait face l'art irlandais, et plus particulièrement l'architecture irlandaise.

Ces propos remarquables étaient tenus parallèlement au débat qui a vu la reconstruction du Dublin post-colonial, formulé en termes de néo-classicisme, le Prix Nobel WB Yeats entrant le débat pour promouvoir les lignes nationalistes et modernistes de la Mairie de Stockholm de Rayner Ostberg en tant que modèle pour la future architecture irlandaise.

Si ce débat représentait une école cosmopolite, une tendance tout aussi passionnée (reflétant peut-être un senti- ment nationaliste majoritaire) était incarnée par le sentimental- isme de l'archétype romantique du combattant pour la liberté irlandais, Michael Collins, qui déclarait:

Même si les gens sont appauvris ... on a l'impression d'une reconstruction historique. On voit des proces- sions de jeunes femmes sur des poneys des îles allant recueillir le sable du littoral, ou ramassant la tourbe, habillées de leur châles et de leurs jupes aux couleurs vives faites d'un tissu qu'elles ont elles-mêmes filé, tissé et teint. Leurs cottages eux aussi ont peu changé, ils restent simples et pittoresques. C'est seulement dans ces endroits que l'on a un aperçu de ce que l'Irlande pourrait redevenir.

L'image de Collins laissait entrevoir une conception plus célèbre, Maoïste, autosuffisante et frugale, défendue par son rival politique, Eamon De Valera, environ 20 ans plus tard. La dialectique rurale/cosmopolite était (et reste) un thème récur- rent dans l'expression culturelle irlandaise du Xxe siècle. Etant donné que la majorité des gens pratiquaient des méthodes agricoles post-néolithiques, dans l'ombre immédiate de l'idylle irlandaise pastorale créée par les intellectuels du renouveau gaélique, ceci était compréhensible. Les villes étaient encore perçues comme des bastions de l'oppression et des priv- ilèges. Une école quasi-officielle de peinture d'Etat, symbol- isée par les oeuvres de Paul Henry, Maurice MacGonigal et Seán Keating, a renforcé et reflété l'image 'officielle' de l'Irlande.

Ceci était l'une des tendances: le *Irish Times* (à l'époque très anglophile) était suffisamment impressionné par le calibre du Cabinet du nouvel Etat Libre pour faire remarquer que:

Wendon, Glasnevin, Dublin
Architecte: Harold Greenwood, 1929-30

Cette maison en béton armé, dessinée par l'architecte anglais Harold Greenwood, est sans doute l'une des premières 'maisons modernes' en Irlande. À partir de la fin des années 1920, la mode des maisons modernes/art déco fit son apparition parmi les classes aisées. On en trouve un certain nombre de beaux exemples à Dublin et Limerick.

Wendon, Glasnevin, Dublin
Architect: Harold Greenwood, 1929-30

This reinforced concrete house designed by the English architect Harold Greenwood must be one of the first 'Moderne' houses in Ireland. From the late 1920s onwards, Moderne/Art Deco houses became fashionable among the middle classes. A number of fine examples exist in Dublin and Limerick.

**Immeuble Municipal
d'habitation de la Ville de
Dublin, Townsend Street**
Architectes: Département
d'architecture de la municipalité
de Dublin, 1934-36

Ce projet de logements en centre
ville d'inspiration hollandaise,
encore en parfait état, représente
une certaine exception par rapport
à la culture anti-urbaine qui
marquait l'esprit du nouvel Etat.

**Dublin Corporation Flats,
Townsend Street**
Architects: Dublin Corporation
Architectural Dept, 1934-36

This Dutch-inspired inner-city
housing project, still in excellent
condition, is somewhat
exceptional to the anti-urban
culture which pervaded the
culture of the new State.

This was one strand. The then anglophile *Irish Times* was sufficiently impressed by the calibre of the new Free State cabinet to note:

The Free State ministers are young and ardent men, eager to lift the country uno icti, out of its roots of economic and social stagnation. They are weary of inaction and the criticism which cloaks inaction. They desire to get things done, to present the world with outstanding proof of Irish energy and courage.

The earliest expression of this 'energy and courage' was the construction of the pioneering hydro-electric scheme at Ardnacrusha near Limerick. Conceived by a young Irish engineer, it was designed by Siemens of Germany and was inevitably highly technically advanced for its time, not least in its use of concrete. Notwithstanding the energy and vision of the young ministers (Patrick McGilligan who commissioned the Ardnacrusha project was 26 at the time), the seeds of deepening disaffection and conservative retrenchment were also sown. It is deeply ironic and characteristically Irish that on the one hand an increasingly puritanical and clericist church and emergent bourgeoisie supported and enshrined censorship, while a heroic vision of a modern Ireland prevailed on the other.

This duality to a lesser or greater extent permeates the evolution of Irish architecture and culture throughout the 20th century, as does, indeed, the substantial achievement of young men (and latterly, women). With the entry of the republican Fianna Fáil party to parliamentary politics came the impetus to tackle the enormous housing and health problems. In the context of an ambitious programme of hospital building, the Minister for Local Government and Public Health, Seán T O'Kelly, while addressing the RIAI, noted:

'Without wishing to enter what I know is debatable ground or get mixed up in the controversy that rages between old and new or traditional and functional architecture, I would remind these young students that some of the striking architectural triumphs of modern times have been achieved by the smaller nations. Alvar Aalto, the Finn, who won the competition for the Paimio Sanatorium a few years ago with a design of startling originality and has since achieved European fame, first set up on his own account in a town of 6,000 people and is still in his thirties. We too in this country have room for men who will give to our peculiar problems the intense study they require, and help us build in a manner that will reflect credit on our country and generation.

O'Kelly's exhortation to young Irish architects to emulate

*Les ministres de l'Etat Libre sont des hommes jeunes
et passionnés, impatients de rehausser le niveau de
leur pays, d'extirper les racines de la stagnation
économique et sociale. Ils se méfient de l'inaction et
de la critique qui entoure l'inaction. Ils veulent 'agir' –
donner au monde une preuve évidente de l'énergie et
du courage irlandais.*

La première expression de cette 'énergie' et de ce 'courage' a
été la construction du complexe hydroélectrique d'avant-garde
à Ardnacrusha, près de Limerick. Conçu par un jeune ingénieur
irlandais, il a été élaboré par l'entreprise allemande Siemens et
était, inévitablement, très avancé d'un point de vue technique
pour son époque, notamment dans l'utilisation du béton.
Malgré l'énergie et la sagacité des jeunes ministres (Patrick
McGilligan, qui avait commandé le projet d'Ardnacrusha, avait
26 ans à l'époque), le mécontentement et un retranchement
conservateur croissants avaient commencé à germer. Il est
profondément ironique et typiquement irlandais que d'une
part, une église de plus en plus puritaine et cléricale, ainsi
qu'une bourgeoisie naissante, aient appuyé et consacré la censure, alors que d'autre part, une vision héroïque d'une Irlande
moderne ait continué à prédominer.

Cette dualité caractérise, dans une plus ou moins
grande mesure, l'évolution de l'architecture (et de la culture)
irlandaises tout au long du XXᵉ siècle, tout comme les réussites importantes de jeunes hommes (et des femmes par la
suite). Avec l'entrée du Fianna Fáil républicain dans la politique
parlementaire, un grand mouvement consistant à s'attaquer
aux énormes problèmes de logement et de santé fit surface.
Dans le cadre de programmes ambitieux de construction
d'hôpitaux, le Ministre de l'Administration locale et de la Santé
publique, Sean T O'Kelly faisait remarquer, s'adressant à
l'Institut Royal des Architectes Irlandais (RIAI):

*sans vouloir entrer dans un terrain marécageux ou me
mêler de la controverse qui fait rage entre l'architecture
ancienne et nouvelle, ou traditionnelle et fonctionnelle,
j'aimerais rappeler à ces jeunes étudiants que certaines
des réussites architecturales les plus remarquables des
temps modernes ont été réalisées par des petites
nations. Alvar Aalto, le Finlandais qui a gagné le contour
du Sanatorium de Paimio il y a quelques années avec
une conception d'une originalité frappante et qui est
devenu depuis célèbre dans toute l'Europe, a commencé par travailler pour son propre compte dans une
petite ville de 6000 habitants et n'a qu'une trentaine
d'années. Nous aussi dans ce pays, nous avons des
hommes qui accorderont à nos problèmes particuliers
l'étude intense qu'ils requièrent, et qui nous aiderons à*

**Dessins de sculptures sur
pierre, Ministère de l'Industrie
et du Commerce, Dublin, 1942**
Architecte: WR Boyd Barrett
Artiste: Gabriel Hayes

Ces études de frises destinées au
Ministère de l'Industrie et du
Commerce (l'un des rares
ministères construits
spécialement dans le nouvel Etat)
évoquent un corporatisme d'Etat
'musclé' et bienveillant inspiré du
modèle soviétique. Gabriel Hayes
était sculpteur. Elle remporta un
prix pour ce projet.

**Drawings for stone carvings,
Department of Industry and
Commerce, Dublin, 1942**
Architect: WR Boyd Barrett
Artist: Gabriel Hayes

These studies for friezes for the
Department of Industry and
Commerce (one of the few
purpose-built government
departments of the new State)
evoke a benign sub-Soviet,
'muscular', State corporatism.
Gabriel Hayes was a female
sculptor who won a competition
for the project.

Membres de l'Association des Architectes d'Irlande avec Walter Gropius, Dublin, 1936

On voit sur cette photographie certains membres de la première génération d'architectes du nouvel Etat. Cette génération partageait un enthousiasme passionné, voire dogmatique parfois, pour la 'nouvelle architecture'. Le principal porte-parole de ce groupe fut John O'Gorman (rangée du milieu, premier à gauche). Michael Scott (à côté de O'Gorman) devait devenir le catalyseur du développement du mouvement moderne en Irlande. Gropius est assis à côté de Frau Gropius au milieu du premier rang et le professeur RM Butler est assis de l'autre côté de Frau Gropius.

Members of the Architectural Association of Ireland with Walter Gropius, Dublin, 1936

Some of the first generation of architects of the new State are portrayed in this photograph. The new generation shared a passionate and sometimes even dogmatic enthusiasm for the 'new architecture'. The major critical voice of this generation was John O'Gorman (middle row, first from left). Michael Scott (next to O'Gorman) was to be the catalyst for the development of the Modern Movement in Ireland. Gropius is seated next to Frau Gropius in the centre of the front row, with Prof RM Butler seated next to Frau Gropius.

Aalto soon found expression. These young architects included Vincent Kelly whose hospital work ranged from Art Deco essays for the hospital at Nenagh (1932), graduating to full international style expression in the white cubist massing of Cashel Hospital (1935).

The hospital building programme was the primary vehicle for the emergence of Michael Scott, whose influence was to dominate the evolution of 20th-century Irish architecture and, indeed, the visual arts generally. The urbane Scott's early hospital work (with his partner Norman Good) was tentative (as at Tullamore) in its modernist expression, combining Art Deco elements with native limestone masonry. As the architect responsible for 'the most significant modern building never built in Ireland', the Irish Pavilion at the 1939 New York World's Fair, Scott managed to give a vigorous modernist embodiment to the aspirations of the new state. The expression of the building belies its plan form, which in lesser hands could have become an ersatz embarrassment more appreciated by airmen and seagulls. The plan form was based on the national emblem of the shamrock.

In addition to a focus on providing new hospitals, the State set about addressing the enormous housing problem, which was particularly acute in the cities. Part of the impetus behind Lady Aberdeen's vision for a new Dublin was to clear it of the appalling housing conditions that existed in early 20th-century Dublin, which could be equated to today's Calcutta. This was the *mise-en-scene* of O'Casey's plays, the appallingly overcrowded tenements in the former elegant town houses of the Georgian elite.

While the provision of housing, per se, still continues to be a priority of the State, it will be seen that the absence of a more integrated vision of the place of housing is one of the singular failings of modern Ireland. The rural/urban tensions which characterised the evolution of modern Ireland makes the Dutch-inspired urban housing of Dublin Corporation all the more remarkable. Official interest in the Dutch models goes back to the early 1920s. At the request of the Taoiseach, William Cosgrave, Dublin Corporation officials and architects visited Amsterdam and Rotterdam in 1925. The influence of the De Stijl movement, and particularly JJP Oud, is evident in the inner-city housing subsequently executed in a number of inner-city locations. An interesting footnote to these projects is the discovery by Rothery of an anonymous letter to a newspaper criticising Dublin Corporation for attempting to foist 'Viennese' housing in the manner of the Karl Marx Hof on Dublin! It would be, sadly, almost fifty years before any substantial attempt to address the renewal of Ireland's inner cities would be undertaken (The Urban Renewal Acts 1986).

construire de telle manière que cela fera honneur à notre pays et à notre génération.

L'exhortation de O'Kelly à imiter Aalto adressée aux jeunes architectes irlandais trouva rapidement un écho. On peut ainsi citer de jeunes architectes tels que Vincent Kelly, dont le travail allait de tentatives de style Art déco pour l'hôpital de Nenagh (1932) à des expression de style pleinement international dans la composition cubiste blanche de l'hôpital de Cashel (1935).

C'est dans le cadre du programme de construction d'hôpitaux qu'apparut Michael Scott, dont l'influence allait dominer l'évolution des architectes irlandais et, en fait, les arts visuels du XXe siècle dans leur ensemble. Les premières oeuvres du raffiné Scott (avec son partenaire Norman Good) étaient expérimentales (comme à Tullamore), dans leur expression moderniste, combinant des éléments de l'Art déco avec la maçonnerie en calcaire locale. En tant qu'architecte responsable du 'bâtiment moderne le plus important jamais construit en Irlande', le Pavillon Irlandais de l'Exposition Universelle de New York de 1939, Scott réussit à donner une incarnation vigoureuse et 'moderniste' aux aspirations du nouvel état. L'expression du bâtiment dissimule son plan, qui entre des mains moins habiles aurait pu être véritablement gênant, plus apprécié par les pilotes et les mouettes. Le plan était basé sur l'emblème national du trèfle.

Le nouvel Etat mit l'accent sur la construction de nouveaux hôpitaux, et entreprit également de s'attaquer à l'énorme problème du logement, particulièrement grave dans les villes. Le projet pour un nouveau Dublin commencé sous l'impulsion de Lady Aberdeen visait partiellement à éradiquer les logements insalubres existant au début du XXᵉ siècle à Dublin, comparables à ceux de Calcutta aujourd'hui. Ces quartiers servaient de décor aux pièces de O'Casey: les logements extrêmement surpeuplés dans les maisons autrefois élégantes de l'élite georgienne.

Si le logement, en soi, reste une priorité de l'Etat, on verra que l'absence d'une conception plus intégrée de la place du logement est l'un des échecs les plus évidents de l'Irlande moderne. Les tensions rurales/urbaines qui caractérisent l'évolution de l'Irlande moderne rendent les logements urbains de la municipalité de Dublin, d'inspiration hollandaise, d'autant plus remarquables. L'intérêt officiel pour les modèles hollandais remonte aux années 20. A la demande du Premier Ministre William Cosgrave, des employés de la Municipalité de Dublin et des architectes se sont rendus à Amsterdam et à Rotterdam en 1925. L'influence du mouvement De Stijl, et surtout de JJ Oud, est évidente dans les logements du centre-ville construits par la suite sur un certain nombre de terrains.

Un post-scriptum intéressant à ces projets est la découverte par Rothery d'une lettre anonyme à un journal, critiquant la Municipalité de Dublin pour avoir tenté d'imposer des logements de type 'viennois' à la manière du Karl Marx Hof à Dublin!

Ce ne sera, malheureusement, que cinquante ans après qu'une véritable tentative de s'attaquer au délabrement du centre des villes irlandaises sera entreprise (Lois sur la Réhabilitation Urbaine de 1986).

LA RENAISSANCE DE L'EGLISE

Les constructions d'églises catholiques dans le nouvel Etat se multipliaient. Toutefois, à l'exception de la remarquable Eglise du Christ Roi à Turner's Cross, Cork (1927-1931), ces construction étaient de plus en plus conservatrices et confuses du point de vue stylistique. L'Eglise de Turner's Cross était une aberration dans bien des sens, notamment à cause de son lien avec la diaspora irlandaise. L'architecte irlando-américain Barry Byrne de Chicago (qui n'a jamais mis les pieds en Irlande) était un protégé de Frank Lloyd Wright. Sa contribution remarquable (exécutée par l'architecte de Cork KR Boyd) peut se targuer d'être d'avant-garde. Dans une étude sur la construction d'églises contemporaines, un auteur français, Don E Roulin dans *Nos Eglises* (1938) décrivant les églises de Perret et Karl Moser, faisait remarquer (sur un ton quelque peu acerbe) que:

> *On doit admettre les qualités de ce bâtiment, l'équilibre adroit et réussi de la forme globale, qui permet à tous de bien voir l'autel, les nombreuses lignes verticales de travées et éléments structurels, l'originalité de la grande voûte en zigzag. Ces qualités sont-elles suffisantes à la construction d'une église adaptée à l'Europe, à l'Irlande, et à Cork qui n'est pas un nouveau Chicago?*

Même si Cork et l'Irlande n'étaient pas de nouveaux Chicago, nous examinerons ci-dessous l'impact profond qu'a eu l'Amérique sur l'architecture irlandaise du XXᵉ siècle. L'accent placé sur le renouveau liturgique avant et après le Deuxième Concile du Vatican a produit certaines des plus belles constructions d'églises irlandaises contemporaines.

Le remarquable Liam McCormick de Derry avait été seul dans sa tentative d'introduire un esprit liturgique contemporain. Dès le début des années 1960, il conçut une remarquable série d'églises, certaines de formes chrétiennes et même pré-chrétiennes. L'une de ses églises les plus connues,

THE CHURCH RESURGENT

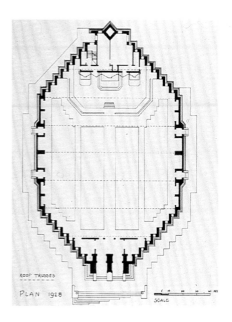

Chapelle du Christ Roi, Turners Cross, Cork
Architecte: Barry Byrne

Christ the King Chapel, Turners Cross, Cork
Architect: Barry Byrne

Catholic church building in the new state flourished. However, with the exception of the remarkable Church of Christ the King at Turner's Cross in Cork (1927-1931), it displayed increasing conservatism and stylistic confusion. The church at Turner's Cross was an aberration in many ways, not least for its connection with the Irish diaspora. The Irish-American architect Barry Byrne of Chicago (who never visited Ireland) was a protégé of Frank Lloyd Wright. His remarkable contribution, executed by Cork architect JR Boyd Barrett, can claim pioneering status. In a review of contemporary church building by a French author, Don E Roulin (*Nos Eglises*, 1938) which described churches by Perret and Karl Moser, he noted, somewhat acerbically:

> One must admit the qualities of this building, the skilful and very successfully balance of the overall form, which gives everybody a good view of the alter, the numerous vertical lines of bays and structural members, the excitement of the great zig-zag vault. Are these qualities sufficient for the construction of a church adapted to Europe, to Ireland, and to Cork which is not a new Chicago?

While Cork or Ireland may not have been 'a new Chicago', we will later examine the profound impact of America on 20th-century Irish architecture. The focus on liturgical renewal prior to and after the Second Vatican Council promoted some of the very best of contemporary Irish church building.

The remarkable Liam McCormick of Derry had been ploughing a lonely furrow in attempting to imbue a contemporary liturgical spirit. From the early 1960s onwards, he designed a remarkable series of churches, some referring to Christian and even pre-Christian forms. One of his best-known churches, at Burt, Co Donegal, sits in the shadow of a remarkable early Christian fort, Grianán an Aileach, and replicates its circular form.

Coming from another tradition, Scott Tallon Walker's church at Knockanure, Co Kerry, manages to capture the simplicity of early Irish Christian churches by adapting a Miesian model.

De Blacam and Meagher's church at Firhouse, Co Dublin (built on foot of a competition for new churches for Dublin's expanding suburbs) was innovative and rich in its conception of developing enclosed courtyards around a cruciform plan. The same firm's Chapel of Reconciliation at the pilgrimage shrine at Knock, Co Mayo, combines elements of homage to Gunnar Asplund's Woodland Crematorium in Stockholm

située à Burt, comté de Donegal, a été construite au pied d'un très beau fort du début de la période chrétienne, Grianán an Aileach, et en reprend la forme circulaire.

Originaire d'une autre tradition, l'église de Scott Tallon Walker à Knockanure, comté de Kerry, réussit à capturer la simplicité des premières églises chrétiennes en adaptant un modèle miesien'

L'Eglise de de Blacam and Meagher à Firhouse, comté de Dublin (construite à la suite d'un concours de nouvelles églises pour les banlieues grandissantes de Dublin) était innovatrice et riche dans sa conception de cours intérieurs autour d'un plan cruciforme. Construite par les mêmes entreprises, la Chapelle de la Réconciliation sur le lieu de pèlerinage de Knock, comté de Mayo, associe des éléments qui rendent hommage au Crématorium d'Asplund à Stockholm avec une réponse sensible au lieu (le bâtiment Gunnar Asplund est à moitié enterré).

Le thème de la jeunesse revient fréquemment dans l'histoire de l'architecture irlandaise du XXᵉ siècle, surtout dans le cas de deux bâtiments qui incarnent un certain nombre des paradoxes culturels des débuts de l'histoire de l'état: le terminal de l'Aéroport de Dublin et Busáras (gare routière centrale) à Dublin. L'Aéroport de Dublin peut se targuer d'être un bâtiment important à l'échelle européenne, étant donné son époque et son ambition. Elégant exercice de style international, il n'est inspiré d'aucune source contemporaine. Son manque d'impact sur l'architecture européenne s'explique en grande partie du fait qu'il fut construit durant la Seconde Guerre Mondiale, et qu'il ne fut promu que bien plus tard pour des raisons de sécurité. Il est particulièrement remarquable du fait qu'il est le produit d'une équipe d'architectes contemporains, dirigée par Desmond Fitzgerald, 26 ans (frère du futur Premier Ministre, Garret Fitzgerald) qui allait devenir par la suite professeur d'architecture à University College Dublin.

Les querelles sur le véritable auteur de sa conception se poursuivent, tout comme des débats similaires entourent la genèse de la conception de Busáras par Michael Scott. Situé directement en face du Bâtiment des Douanes de Gandon, ce lieu de pèlerinage pour les architectes continue à provoquer des sentiments ambivalents parmi le public. Si l'on devait attribuer au bâtiment un antécédent linéaire, on pourrait citer le Centroyus (ministère des industries légères) de le Corbusier à Moscou (1928-36). Toutefois, il est peu probable que Michael Scott et sa jeune équipe aient eu connaissance de ce bâtiment, bien que l'influence de le Corbusier y soit évidente. Une fois de plus, la fusion de la jeunesse et d'un engagement (parfois frileux) de l'Etat à moderniser l'expression est évidente dans ce bâtiment essentiel qui conserve toute sa

beauté presque 50 ans plus tard. Et dans le cas de l'aéroport, la netteté de son expression contrastait vivement avec l'état appauvri du pays.

Les années 1950 ont, tout comme les années 1930, connu une émigration accrue. Ce mouvement a inclus, inévitablement, de nombreux jeunes architectes. Bon nombre d'entre eux sont allés outre-atlantique, vers l'Amérique, et certains vers la France. Cette génération, qui comprenait Ronald Tallon, Robin Walker et Andrew Devane, cherchait à se faire une place à la table des maîtres du mouvement moderne. Walker travailla dans l'Atelier de le Corbusier puis étudia et travailla avec Mies van der Rohe à l'Institut de Technologie d'Illinois (IIT) tout comme Ronald Tallon et, par la suite, Cathal O'Neill et Peter Doyle. Andrew Devane travailla avec Frank Lloyd Wright.

REFLET DANS UN VERRE VERT: COMMENT LES AUTRES NOUS VOIENT

Sur une île qui a constamment fait l'expérience, tangentiellement ou directement, de la plupart des mouvements architecturaux, certains bâtiments d'architectes non-irlandais sont dignes d'être mentionnés, surtout pour la manière dont ils répondent au contexte.

LA BIBLIOTHEQUE BERKELEY, TRINITY COLLEGE

Le cabinet d'architectes anglais Arhends, Burton and Koralek gagna un concours pour la construction une nouvelle bibliothèque (la Bibliothèque Berkeley) à Trinity College Dublin au milieu des années 1960. Ce bâtiment est peut-être l'un des plus beaux et des plus durables du mouvement Brutaliste. L'organisation du bâtiment et l'écriture de ses façades composées à la fois de granite du Wicklow et en béton brut de décoffrage assurent une forte présence contemporaine dans le respect de ses voisins victoriens. Il n'y a pas de référence ouvertement irlandaise au delà de son emphase de l'expression simple et nette.

DEUX AMBASSADES

Deux ambassades d'époques différentes abordent le contexte de manière plus manifeste. L'ambassade américaine de John Johannson à Ballsbridge, construite sur un site triangulaire

with a sensitive response to the site. (The building is semi-submerged.)

The theme of youth recurs frequently in the story of 20th-century Irish architecture, particularly in the case of two buildings which embody many of the cultural paradoxes of the early history of the State: the terminal at Dublin Airport, and Busáras (the Central Bus Station) in Dublin. Dublin Airport can claim to be a building of European significance, given its vintage and ambition. An elegant exercise in the International style, it is not derivative of any single contemporary source. Its lack of impact on European architecture is substantially accounted for by the fact that it was constructed during the Second World War and not published until much later for security reasons. It is particularly remarkable in being the product of a team of contemporaries, led by the 26-year-old Desmond Fitzgerald (brother of the future Taoiseach, Garrett Fitzgerald), who was later to become Professor of Architecture at University College Dublin.

While disputes about the actual authorship of design continue, similar debates surround the genesis of the design of Busáras by Michael Scott. Sited in direct counterpoint to Gandon's Custom House, this shrine for architects still provokes ambivalence from the public. If the building has a linear antecedent, one could speculate that le Corbusier's Centroyus (or Ministry of Light Industries) in Moscow (1928-36) may be it. However, it's quite unlikely that Michael Scott and his young team would have been aware of this building, though the influence of Le Corbusier is evident throughout. Again, the fusion of youth and a (sometimes reluctant) commitment from the State to modernist expression are evident in this landmark building, which still handsomely endures almost fifty years later. As in the case of the airport, the boldness of its expression was in marked contrast to the impoverished state of the country.

The 1950s mirrored the 1930s by witnessing increased emigration. This inevitably included many young architects. Many looked westwards to America, and some to France. This generation, which included Ronald Tallon, Robin Walker and Andrew Devane, sought a place at the table of the masters of the Modern Movement. Walker worked in the le Corbusier Atelier, and he later studied and worked with Mies van der Rohe at the Illinois Institute of Technology (IIT). So also did Ronald Tallon, and later Cathal O'Neill and Peter Doyle. Andrew Devane worked with Frank Lloyd Wright.

REFLECTION THROUGH A GREEN GLASS: AS OTHERS SEE US

On an island which has been constantly visited tangentially or directly by most movements in architecture, some buildings of non-Irish architects in Ireland are worth commenting on, particularly for the manner in which they respond to context.

THE BERKELEY LIBRARY, TRINITY COLLEGE

The English firm of architects Arnhends, Burton and Koralek won a competition for a new library, the Berkeley Library, in Trinity College Dublin in the mid 1960s. Their building is possibly one of the finest and most enduring of the Brutalist movement. The massing of the building and its presentation of both modelled planes of Wicklow granite and board-marked concrete on its elevations ensure that it has a strong contemporary presence while respecting its Victorian neighbours. There are no overt Irish references beyond its emphasis on simple and bold expression.

TWO EMBASSIES

Two embassies of different vintages approach context in a more overt manner. John Johannson's American Embassy in Ballsbridge, Dublin, built on a triangular site in the 1960s, invited at least a response to geometry. In an interview with the late John Donat, Johannson notes his concern for an expression of Irish sources. His circular plan form within a moat claims to owe much to prehistoric Irish forts and the Martello towers built to repel a Napoleonic invasion. In what was to be the first application of sophisticated precast concrete panel construction in Ireland, Johannson noted that the profile of the panels was inspired by the intricate patterns of Aran knitwear!

The British Embassy (1995) is somewhat more phlegmatic. Built also in the leafy embassy belt of Ballsbridge, the plan form is reflective of the late Georgian/Victorian urban villas which evolved in mid-19th-century Dublin. However, the architects, Allies and Morrison, transcend any tendency to literally invoke its local context. The combination of an Irish material, Wicklow granite, and elegantly detailed steel fenestration render it a fine contemporary intervention and a major contribution to architecture in Ireland.

dans les années 1960, devait tenir compte de sa géométrie. Dans un entretien avec le défunt John Donat, Johannson faisait part de son intérêt pour une expression de source irlandaise. La forme circulaire en plan, entourée d'une douve, est censée s'inspirer des forts irlandais préhistoriques et des tours Martello construites pour repousser une invasion napoléonienne. Dans ce qui allait devenir la première application constructive sophistiquée en panneaux de béton preefabriqués en Irlande, Johannson notait que le profil des panneaux était inspiré des motifs compliqués des pulls irlandais !

L'ambassade anglaise (1995) est plus flegmatique. Construite également dans le quartier des ambassades luxuriant de Ballsbridge, le plan reflète les villas urbaines de la fin de l'époque georgienne/victorienne qui s'étaient développées dans Dublin au milieu du siècle dernier. Toutefois, les architectes, Allies et Morrison, vont au delà de toute tendance se contentant d'invoquer le contexte local. La combinaison d'un matériau irlandais (le granite du Wicklow) et la fenestration en acier élégamment détaillée en font une belle intervention contemporaine et une contribution importante à l'architecture en Irlande.

QUELQUES IMMIGRÉS: GRAY, ROCHE ET RICE

Les images suivantes, tout en soulignant l'influence d'architectes tant irlandais que d'origine irlandaise hors de l'Irlande, présentent certains importants concepteurs irlandais qui se sont distingués au XXe siècle.

EILEEN GRAY

Eileen Gray reste l'une des architectes les plus sous-estimés et les moins appréciés du XXe siècle. Elle a passé la majeure partie de sa vie professionnelle en France. Née de parents irlando-écossais à Brownswood, Enniscorthy, comté de Wexford, en 1878, elle suivit des études à l'Ecole d'art Slade de Londres. Son père, riche et indépendant, voyageait beaucoup et peignait. Pendant sa jeunesse, elle a beaucoup voyagé entre l'Irlande et l'Europe.

Elle a passé sa vie à Paris dans la bohème artistique du début du XXe siècle. Elle est connue en tant que créatrice de meubles et d'objets d'une originalité et d'une élégance remarquables. En tant qu'architecte autodidacte, sa remarquable maison moderniste à Rocquebrune, dans le Sud de la France,

L'ambassade de Grande-Bretagne, Dublin
Architectes: Allies et Morrison

The British Embassy, Dublin
Architects: Allies and Morrison

La Fondation Ford, New York
Architectes: Kevin Roche, Roche Dinkleloo & Associates

The Ford Foundation, New York
Architects: Kevin Roche, Roche Dinkleloo & Associates

Eileen Gray
Table réglable 1925

Eileen Gray
Adjustable Table 1925

SOME EMIGRÉS: GRAY, ROCHE AND RICE

In noting the influence of both Irish-born architects and architects of Irish extraction outside Ireland, the following pictures give some indication of prominent Irish designers who achieved distinction in the 20th century.

EILEEN GRAY

Eileen Gray remains one of the most underrated and under-appreciated architects and designers of the 20th century. Most of her professional life was spent in France. Born of Irish Scottish parents in Brownswood in Enniscorthy, Co Wexford, in 1878, her only formal education was at the Slade School of Art in London. Her independently wealthy father travelled extensively and also painted. During her youth she travelled extensively between Ireland and Europe.

Her life in Paris was spent in the artistic demi-monde of the early 20th century. She is best known as a furniture and object designer of stunning originality and elegance. As a self-trained architect, her remarkable modernist house at Roquebrune in the south of France had the dubious distinction of having a robust mural painted in it by le Corbusier, her neighbour. She was made an honorary member of the Royal Institute of the Architects of Ireland before her death in 1976.

KEVIN ROCHE

Kevin Roche was born in Dublin in 1922, and was educated at UCD. Having worked briefly with Michael Scott, he emigrated to the United States in the 1950s. Having joined the studio of Eero Saarinen, he became a partner in the succeeding firm of Roche Dinkleloo following the death of Saarinen. He inherited Saarinen's spirit of inventiveness, which was wedded to a heroic modernism in one of the pioneering atrium buildings of the 20th century, the Ford Foundation in New York.

Roche became one of the most prolific and successful corporate architects of America. He pioneered the concept of the arcadian corporate headquarters with his John Deere HQ building, set on the edge of a forest, in the 1970s. He later retreated from heroic modernism in favour of a hybridised post-modern classical expression. One of his best-known buildings outside America is the headquarters of the French construction giant Bouyges, at Yvelines, near Versailles.

a le privilège douteux de posséder une fresque robuste peinte par Le Corbusier, son voisin. Elle est devenue membre honoraire de l'Institut Royal des Architectes Irlandais avant sa mort en 1976.

KEVIN ROCHE

Kevin Roche est né à Dublin en 1922, et a fait ses études à University College Dublin. Après avoir travaillé pendant quelque temps avec Michael Scott, il émigra aux Etats-Unis dans les années 1950. Ayant rejoint le studio de Eero Saarinen, il est devenu par la suite associé de ce cabinet prospère qui fut rebaptisé Roche Dikleloo à la suite de la mort de Saarinen. Il a hérité de l'esprit inventif de Saarinen et d'une maîtrise du modernisme héroïque évidente dans l'un des bâtiments atrium du milieu du XXe siècle, la Fondation Ford à New York.

Roche devint l'un des architectes les plus prolifiques et prospères d'Amérique. Il a introduit dans les années 1970 le concept de sièges sociaux arcadiens avec son bâtiment John Deere situé à la lisière d'une forêt. Il s'est éloigné par la suite du modernisme héroïque pour épouser une expression classique post-moderne hybridée. L'un de ses bâtiments les plus connus en dehors de l'Amérique est le siège social du géant de la construction française, Bouygues, situés dans les Yvelines, près de Versailles, à l'ouest de Paris.

PETER RICE

Tout au long de sa carrière brillante et variée, Peter Rice s'est opposé aux tentatives de le catégoriser comme 'architecte ingénieur' ou 'ingénieur architecte'. Né à Dublin en 1935, il fit ses études à Dundalk et étudia les mathématiques dans une école de langue irlandaise. Lors d'une conversation avec un auteur quelques années avant sa mort, il indiqua qu'il n'y avait aucun modèle culturel lui suggérant qu'il allait devenir un jour l'un des plus grands ingénieurs du XXe siècle. De fait, l'aspiration de l'écolier était de devenir poète.

A la suite de ses études d'ingénieur à Queens University, Belfast, il alla au Collège Impérial de Londres. Son potentiel et son génie furent rapidement reconnus par Ove Arup & Associés qui l'envoyèrent en tant qu'ingénieur résident sur le chantier de l'Opéra de Sydney. Peter Rice fut identifié avec certains des bâtiments les plus innovateurs et les plus connus du XXe siècle, du Centre Pompidou à Paris à la Galerie de Menil au Texas, les nombreux projets qu'il a effectués avec

Renzo Piano, l'architecte italien, ainsi que son travail en France, qui comprend la structure de la nouvelle gare à Roissy et son travail les Nuages sous la Grande Arche. L'un de ses derniers projets était la conception de la couverture de la Cour Richelieu au Louvre à Paris. Rice s'intéressait tant au football qu'à la philosophie.

Peut-être le projet qui le ramena finalement à ses aspirations poétiques d'écolier était son engagement passionné auprès du Théâtre de la Pleine Lune, près de Montpellier, en France. Il s'agit d'un amphithéâtre expérimental conçu par des acteurs et des scientifiques dans le but d'exploiter le reflet du clair de lune pour l'éclairage du Théâtre. Avant sa mort prématurée en 1992, il a obtenu la Médaille d'Or de l'Institut Royal des Architectes Britanniques, presque exactement un siècle après Cesar Daly. Tous deux ont reçu les honneurs des gouvernements français et britannique et Rice a également été nommé membre honoraire de l'Institut Royal Irlandais d'Architecture

LA MAREE MONTANTE

On peut considérer que la modernisation de l'Irlande a été initiée par les premier et deuxième programmes d'expansion économique (1957-59). Durant le boom économique des années soixante, l'architecture irlandaise devait répondre à de nouveaux types de bâtiments et de nouveaux problèmes.

La neutralité durant la guerre et l'absence de dommages, ainsi que l'introversion culturelle ayant fait suite à la guerre en Irlande l'ont placée à part de l'Europe continentale.

Le cabinet de Scott Tallon Walker est inévitablement lié à certains des bâtiments clefs des années 1960 et après. Il s'agissait pour la plupart d'adaptations sophistiquées de l'école de Chicago de Mies van der Rohe. Etant donné la prédisposition de l'Etat à l'égard du modernisme, l'expression miesienne avait l'avantage de n'avoir 'aucune valeur culturelle particulière' (en termes post-coloniaux) tout en étant internationale. Bien que ce choix ne doive donc pas de surprendre, l'Irlande peut s'estimer heureuse d'avoir eu des architectes ayant compris la substance de Mies van der Rohe. La qualité du corps de l'oeuvre de Scott Tallon Walker dans ce style a été reconnue par la Reine Elizabeth II elle-même (Michael Scott était tout aussi surpris) qui lui a accordé la Médaille d'Or d'architecture du RIBA en 1975.

Le grand lieu de pèlerinage du renouveau gaélique, le Abbey Theatre, a été reconstruit en tant que boite noire

Théâtre de la Pleine Lune, Gourgoubes, Montpellier
Peter Rice

Le Théâtre de la Pleine Lune illustre le principe de construction minimale. Mythe, fantasme et réalité se conjuguent sous la puissante présence rituelle de la lune elle-même ... Gourgoubes finira par devenir ma maison spirituelle, la partie de moi-même qui n'est pas en Irlande.

— Pater Rice

Full Moon Theatre, Gourgoubes, Montpellier
Peter Rice

The Full Moon Theatre is about minimum construction. Myth, fantasy and reality combine under the powerful ritual presence of the moon itself ... Gourgoubes will eventually become my spiritual home, the part of me which is not in Ireland.

— Peter Rice

PETER RICE

Throughout his mercurial and brilliant career, Peter Rice resisted attempts to classify him as an 'architect's engineer' or, indeed, an 'architect engineer'. Peter Rice was born in Dublin in 1935. He was educated in Dundalk, and studied mathematics through the Irish language. In a conversation with this author a number of years before his death, he indicated that there was no role model culture for him which would suggest that he might one day become one of the 20th century's greatest engineers. Indeed, the schoolboy's aspiration was to become a poet.

Following engineering studies at Queen's University, Belfast, he went to Imperial College, London. His early promise and genius was recognised by Ove Arup & Partners, who dispatched him to become resident engineer on the Sydney Opera House. Peter Rice became identified with some of the most innovative and best known buildings of the 20th century. From the Pompidou Centre in Paris to the Menil Gallery in Texas, the many projects he undertook with Lorenzo Piano, the Italian architect, include the structure of the new railway station at Roissy, and the structural design of Les Nuages under the Grande Arche in Paris. One of his final projects was the design of the enclosing structure to the Cour Richelieu at the Louvre in Paris. Rice's interests ranged from football to philosophy.

Perhaps the project that brings him ultimately to his schoolboy poetic aspirations was his passionate commitment to the Théâtre de la Pleine Lune near Montpellier in France. This was an experimental amphitheatre developed by actors and scientists for exploiting reflected moonlight as a means of illuminating the theatre. Shortly before his premature death in 1992, he was awarded the Gold Medal from the Royal Institute of British Architects, almost exactly one century after Cesar Daly had been similarly honoured. Both received honours from the French government and the English government, and Rice was also made an honorary member of the Royal Institute of the Architects of Ireland.

THE RISING TIDE

The modernisation of Ireland can be seen to have been triggered by the first and second programmes for economic expansion (1957-59). In the economic boom of the 1960s, new building types and new problems challenged Irish architecture.

miessienne. Le nouveau complexe de la télévision irlandaise était un hommage à Mies van der Rohe et au plan du campus de Hilberseimer pour l'IIT. D'élégantes insertions en acier et en verre apparurent dans les rues georgiennes sombres et sobres de Dublin.

L'architecture, tout comme l'art, imite parfois la vie. L'adhésion de l'Irlande à la CEE en 1973 accéléra le processus d'urbanisation et d'industrialisation qui avait commencé dans les années 1960. C'était également un point tournant dans le processus d'invention d'une nouvelle Irlande, qui avait désormais un statut égal à celui de son ancien maître colonial dans une nouvelle configuration européenne.

L'ambivalence culturelle concernant l'urbanisation et les changement rapides a profondément influencé la réalité des villes irlandaises et, inversement, la campagne. La commande passée à un planificateur anglais, Myles Wright, pour préparer un plan d'aménagement de Dublin (1966) signale un manque de courage, mais également, peut-être, une incapacité à confronter l'héritage du colonialisme, que, selon certains politiciens, les villes irlandaises incarnaient. La région urbaine de Dublin est un reflet d'un processus technocratique plutôt que d'une conception métropolitaine.

Si la construction de logements décents est l'une des plus remarquables réussites de l'état, la création de vastes ghettos sociaux en banlieue n'est guère l'expression d'une république. Par opposition aux logements des propriétés georgiennes abandonnés de Luke Gardiner (décor de *Ombre d'un Tireur*), les logements horizontaux d'aujourd'hui fournissent le décor du film *The Commitments* et un accès perversement démocratique au sport des rois, même si pratiqué sur des poneys.

Le processus d'invention d'une Irlande 'européenne' a posé un certain nombre de défis aux architectes irlandais. Bon nombre de ces défis concernent l'interprétation du passé, en tant que fonction du développement du tourisme, aujourd'hui composante essentielle de l'économie irlandaise. Ce processus sera dans une certaine mesure considéré comme le microcosme d'une plus grande quête d'identité et d'expression, dont une bonne partie est évidente dans l'exposition sur l'Imaginaire Irlandais. Selon ma propre expérience, ce défi a été à la fois intimidant et enrichissant. Une société qui permet aux architectes de faire intervenir le passé dans les bâtiments contemporains est en passe de devenir une société saine, même si le processus est parfois douloureux. De même, de jeunes architectes irlandais font face à des problèmes analogues à l'ancienne conception des demures palladiennes dans un paysage romantique, comme dans le cas du Golf Club de O'Donnell Tuomey 'sur un paysage construit'. Il n'y a ici

aucune tentative d'invoquer un passé palladien.

De jeunes architectes gagnent des concours ou contribuent au grand laboratoire architectural que représente Temple Bar à Dublin, où l'exhortation de Darrell Figgis à 'concevoir chaque bâtiment en chasteté et en proportion' devient manifeste. Temple Bar est la vitrine de l'engagement de l'Etat à réhabiliter les centres de ville irlandais, négligés pendant longtemps. Les dix dernières années ont vu des investissements colossaux provoqués par des avantages fiscaux offerts aux investisseurs. Le jury essaie toujours de délibérer sur l'aspect positif, médiocre et négatif que ceci a entraîné. Dans le cas de Temple Bar, une jeune génération d'architectes font preuve d'une confiance toute irlandaise, entreprenant la construction de bâtiments contemporains dans des ruelles médiévales.

Si la critique constructive doit attendre, une grande partie du travail effectué jusqu'à présent indique une conviction continue dans le modernisme. Si ce qu'a dit Aalto sur le mouvement moderne est vrai: 'il a commencé en tant que révolution et terminé en tyrannie', alors une grande partie du travail contemporain irlandais démontre que la substance du mouvement moderne peut être tempérée avec de l'humanité.

Une approche souple et non doctrinaire est également évidente dans d'autres tendances de l'architecture contemporaine irlandaise qui invoquent des modèles et des références dans un style local. L'oeuvre avant-gardiste de Dennis Anderson et de Noel Dowley, retravaillant les construction simples, sans ornement, et de tous les jours des années 1960 en Irlande a créé une 'petite' tradition, dont une partie est exposée ici – la maisons de vacances de Mountshannon de Murray O'Laoire, et la belle maison à Doolin des Architectes Grafton.

Pour une génération plus vieille, disciple de Mies, et pour les plus jeunes qui ont étudié et travaillé avec Louis Kahn et James Stirling, y-a-t-il des signes que l'Irlande a assimilé ces influences diverses?

Louis McNiece, dans son poème classique sur 'Dublin', parle beaucoup d'assimilation:

Fort des Danois
Garnison des Saxons
Capitale augustine d'une nation gaélique
S'appropriant tous les
apports étrangers...

Je me permets de suggérer, subjectivement et respectueusement, que deux oeuvres au moins dans cette exposition montrent la Mère Irlande au travail. Le hasard veut qu'elles soient de deux anciens étudiants de Louis Kahn, Shane de Blacam et Noel Dowley. La force et la présence de la bibliothèque de de

Wartime neutrality, the absence of any significant war damage, and post-war cultural introversion set Ireland apart from Continental Europe.

The firm of Scott Tallon Walker are inevitably linked with some of the landmark buildings of the 1960s and beyond. These were, for the most part, sophisticated adaptations of the Chicago school of Mies van der Rohe. Given the State's predisposition to modernism, the Miesian expression had the benefits of being 'value free' (in post-colonial terms) as well as being international. While we should not be surprised at this choice, Ireland can count itself fortunate in having architects who understood the substance of Mies van der Rohe. The quality of the corpus of Scott Tallon Walker's work in this style was recognised by none other than Queen Elizabeth II. Michael Scott was also surprised by the award of the RIBA Gold Medal for architecture in 1975.

The great shrine of the Gaelic Revival, the Abbey Theatre, was rebuilt as a Miesian black box. The new State television complex was homage to Mies van der Rohe and Hiberseiner's campus plan for IIT. Elegant insertions in steel and glass appeared in the restrained and sombre Georgian streetscapes of Dublin.

Architecture, like art, sometimes imitates life. Ireland's accession to membership of the EEC in 1973 accelerated the processes of urbanisation and industrialisation which began in the 1960s. It was also a significant landmark in the process of inventing a new Ireland, which now had equal status with its former colonial master in a new European political configuration.

Cultural ambivalence in relation to accelerating urbanisation and change have profoundly impacted on the reality of Ireland's cities, and conversely on the countryside. The commissioning of an English planner, Myles Wright, to prepare a development plan for Dublin (1966) showed a paucity of courage, but also, perhaps, an inability to confront the legacy of colonialism which some politicians saw embodied in Irish cities. Dublin's metropolitan area is more a reflection of a technocratic process than a reflection of metropolitan vision.

While the provision of decent shelter is one the singular achievements of the State, the creation of vast monoclass suburban ghettos is hardly the expression of a republic. In contrast to the tenements of the abandoned Georgian estates of Luke Gardiner (the setting of *Shadow of a Gunman*), today's horizontal tenements provide the setting for *The Commitments* and a perversely democratic access to the sport of kings, albeit on piebald ponies.

The process of inventing a 'European' Ireland has confronted Irish architects with a range of challenges. Many of these centre on interpreting the past as a function of the development of tourism, now a major component of the Irish economy. This process, to some extent, will be seen to be a microcosm of a larger search for identity and expression, much of which is evident elsewhere in the l'Imaginaire Irlandais exhibition. In my own direct experience, this challenge has been both intimidating and rewarding. A society which allows architects to intervene the past with contemporary buildings is on the way to being a healthy society, even if the process if sometimes painful. Likewise, younger Irish architects are confronting problems analogous to placing a Palladian House in a romantic landscape, as in O'Donnell and Tuomey's golf club 'on a constructed landscape'. No cringe here to a Palladian past.

Young architects are winning competitions and contributing to the great architectural laboratory that is Temple Bar in Dublin, where Darrell Figgis's exaltation 'to shape each building in chastity and proportion' may be becoming manifest! Temple Bar is the showcase of the State's commitment to renewing the long neglected inner cities of Ireland. The last ten years have seen phenomenal investments induced by tax incentives to investors. The jury is still out on the very good, the mediocre and the bad that has resulted. In the case of Temple Bar, a younger generation of architects are displaying a home-grown confidence in engaging contemporary building types with a medieval streetscape.

While conclusive criticism must await, a lot of the work so far signals a continuing conviction to modernism. If, as Aalto said about the Modern Movement, 'it began as a revolution and finished as a tyranny' is true, then a lot of contemporary Irish work is demonstrating that the substance of the Modern Movement can be tempered with humanity.

An informal and non-doctrinaire approach is also evident in other tendencies in contemporary Irish architecture, which invoke vernacular models and references. Dennis Anderson and Noel Dowley's pioneering work in reworking the simple unadorned, everyday buildings of Ireland in the 1960s has created a 'small' tradition, some of which is exhibited here – the holiday housing at Mountshannon by Murray O'Laoire and the beautiful house at Doolin by Grafton Architects.

For an older generation that sat at the foot of Mies, and the younger ones that studied and worked with Louis Kahn and James Stirling, is there any evidence that Ireland has assimilated these diverse influences?

Louis McNiece, in his classic poem 'Dublin', says a lot about assimilation:

Fort of the Dane, garrison of the Saxon
Augustine Capital of a Gaelic nation
Appropriating all the alien brought...

Blacam dans le Regional Technical College (IUT) de Cork et l'école de Dowley à Ashbourne ont une netteté, une sobriété et une présence qui les relie à une plus longue tradition irlandaise.

UNE NOUVELLE GÉNÉRATION: A LA RECHERCHE D'UNE NOUVELLE VOIX: ENSEIGNEMENT ET CHANGEMENT

La relation d'amour et de haine que l'Irlande a toujours entretenue avec l'Angleterre déborda en 1966, lors du 50ème anniversaire du soulèvement de Pâques. Au cours d'une explosion remarquablement sophistiquée, le Colonne de Nelson, colonne dorique élégante qui était à la fois un symbole de l'oppression coloniale et un monument bien aimé de Dublin, fut détruite par l'IRA, alors très pue active. Lors d'un concours organisé presque 20 ans plus tard, O'Donnell et Tuomey, en collaboration avec l'artiste Felim Egan, on soumis un projet qui selon moi peut être considérée comme un point tournant dans la culture architecturale irlandaise. Dans le projet d'O'Donnell et Tuomey et Egan, le rôle fondamental de la Colonne de Nelson était remplacé par une structure constructiviste en forme de grue à laquelle était suspendu le chapiteau de la colonne, suggérant de manière énigmatique l'héritage du passé, mais dénotant de manière héroïque l'avenir.

Bien que l'Ecole de Dessin de Thomas Ivory ait fonctionné depuis la fin du XVIIIe siècle jusqu'à ce siècle, le système traditionnel d'apprentissage (ou stage) était la principale méthode d'enseignement de l'architecture. En 1911, WA Scott fut nommé directeur d'architecture à l'Université Royale de l'époque (devenue par la suite Université Nationale). A sa mort, le Professeur Scott fut remplacé par RM Butler dont le renouveau néo-celtique a déjà été mentionné. Butler était considéré par beaucoup de ses contemporains, et surtout par les étudiants, par comme un homme bienveillant, régressif et anti-moderniste. A sa mort, il fut remplacé par le Professeur JP Downes, dont le travail minutieux de documentation de la plupart des bâtiments modernistes dans le monde à son époque fut l'un des principaux véhicules permettant de communiquer les développements architecturaux aux architectes et étudiants irlandais pendant l'entre-deux guerres.

Après la guerre, un cours à temps partiel fut introduit à l'Institut technologique de Bolton Street, qui devint par la suite un cours à plein temps. Le Professeur Desmond Fitzgerald (qui dirigea l'équipe de jeunes architectes qui conçurent l'aéro-

Le Projet de Colonne, 1988
John Tuomey, Shelia O'Donnell, Felim Egan

Ce dessin montre la colonne dorique originale, la colonne sous forme déconstruite (après l'explosion), et reconstruite.

The Pillar Project, 1988
John Tuomey, Shelia O'Donnell, Felim Egan

This drawing shows the original Doric pillar, the pillar in deconstructed form (after explosion), and reconstructed.

Conception d'une Rue Moderne
Architectes: Group 91

Conception d'une Rue Moderne est une exploration théorique par des membres d'une génération d'architectes sortis de UCD à la fin des années 1970. Lauréats du Plan Directeur d'Architecture pour Temble Bar et auteurs, à titre individuel, de nombre des bâtiments publics de ce quartier, leur travail reflète une préoccupation nouvelle pour l'avenir des villes irlandaises.

Making a Modern Street
Architects: Group 91

Making a Modern Street is a theoretical exploration by members of a generation of architects who graduated from UCD in the late 1970s. Winners of the Framework Plan for Temple Bar and individual authors of many of its public buildings, their work reflects a new concern for the future of Irish cities.

I would respectfully and subjectively suggest, with homage, that two works at least in this exhibition show Mother Ireland at work. By coincidence they are by former students of Louis Kahn – Shane de Blacam and Noel Dowley. The strength and presence of de Blacam's library at Cork RTC and Dowley's school in Ashbourne have a boldness, spareness and strength of presence that links them to a longer tradition on this island.

A NEW GENERATION: SEARCHING FOR A NEW VOICE: EDUCATION AND CHANGE

The love-hate relationship that Ireland has always had with England spilled over in 1966 on the 50th anniversary of the Easter Rising. In a remarkably sophisticated controlled explosion, Nelson's Pillar, this elegant Doric column which was both a embodiment of colonial oppression and a much-loved landmark in Dublin, was destroyed by the then almost dormant IRA. In a competition held almost two decades later, O'Donnell and Tuomey in collaboration with the artist Felim Egan, submitted an entry which, I believe, can be seen as a symbol of transition in Irish architectural culture. O'Donnell and Tuomey and Egan's proposal saw the landmark role of Nelson's Pillar being replaced with a constructivist crane-like structure, from which was suspended the capital of the column, enigmatically suggesting the legacy of the past but heroically stating a future.

While Thomas Ivory's Drawing School functioned from the late 18th century until well into the 20th century, the traditional system of apprenticeship (or articles) was the dominant method of architectural education. In 1911, WA Scott was appointed as professor of architecture in the then Royal University (later to become the National University). Following his untimely death, Professor Scott was succeeded by RM Butler, whose neo-Celtic revival has already been referred to. Butler was seen by many of his contemporaries, and particularly students, as a kindly man who was also regressive and anti-modernist. Upon his death, he was succeeded by Professor JP Downes, whose quiet work in documenting most of the significant modernist buildings of the world in his time was one of the major conduits for communicating architectural developments to Irish architects and students in the inter-war years.

After the war, a part-time course was instituted at Bolton Street College of Technology. This was later to become a full-time course. Professor Desmond Fitzgerald (who was

port de Dublin) fut nommé directeur de l'Ecole d'Architecture à University College Dublin dans les années 1950. Son emploi prit fin avec la soi-disante Révolution Douce, version irlandaise modérée et typique des révoltes estudiantines globales de la fin des années 1960 et du début des années 1970.

Les deux écoles d'architecture ont établi des directions plus claires, avec une emphase toute particulière sur l'analyse contextuelle. UCD en particulier a été influencée par une génération vibrante de jeunes professeurs et architectes d'Angleterre, d'Ecosse et d'ailleurs. De même, l'école de Bolton Street mit en place des programmes d'échange avec des écoles à l'étranger, surtout en Amérique du Sud et en France. Les étudiants en architecture et leurs professeurs ont joué un rôle considérable dans le rehaussement du débat sur l'architecture en Irlande.

A la fin des années 1960 et au début des années 1970, les étudiants occupèrent des bâtiments historiques importants menacés de démolition. Il y avait également un élément estudiantin important dans le débat sur Wood Quay qui peut être considéré comme un repère fondamental de la conscience écologique irlandaise moderne. Rétrospectivement, le débat portait autant sur une société rapidement urbanisée qui commençait à accorder une valeur nouvelle à sa culture visuelle et environnementale que sur la décision de construire de nouveaux bâtiments municipaux sur le site. La saga est trop longue et complexe pour être développée dans cet essai. Toutefois, sa résolution telle qu'elle est présentée dans le projet de Scott Tallon Walker, qui remportèrent le concours l'achèvement du complexe (commencé dans les années 1960 avec un concours gagné par les Associés Stephenson et Gibney) fait partie de ce catalogue. Cette saga relie le Dublin viking à la conception d'Abercrombie de 1922.

Desmond Fitzgerald fut remplacé à UCD par le Professeur Cathal O'Neill qui vient de prendre sa retraite. O'Neill s'avéra être un pédagogue remarquable, qui réussit à transcender sa prédilection pour le classicisme moderne et ses influences misennes. Tout comme Peter Doyle, Ronnie Tallon et Robin Walker, il avait étudié ave Mies van der Rohe à IIT. O'Neill encouragea la nouvelle génération de jeunes architectes à s'engager dans l'enseignement et à promouvoir un plus grand engagement local de la part de l'université. En fait, on peut dire que le débat sur le renouveau des quais de Dublin a commencé avec l'étude avant-gardiste des étudiants de l'Ecole d'Architecture de UDC dans les années 1980. Certains membres de cette génération sont devenus avec Group 91, l'une des forces de cohésion pour la jeune génération d'architectes irlandais, le Groupe 91. Leur exploration polémique a également inclus l'étude de nouvelles formes urbaines telles

qu'elles sont exprimées dans deux de leurs projets: la construction d'une rue moderne (*Making a Modern Street*) et le plan d'aménagement de Temple Bar. Le Professeur James Horan a récemment succédé au Professeur Jack O'Keefe qui supervisa l'évolution de l'Ecole d'Architecture de l'Institut de Technologie de Dublin à partir des années 1960 jusqu'à récemment. Les deux écoles continuent à travailler sur des sites et des projets contextuels spécifiques en Irlande. Toutes deux sont de plus en plus intégrées à des programmes d'enseignement pan-européens, voire internationaux.

D'après ce que j'ai pu constater, un jeune architecte irlandais aujourd'hui aura vraisemblablement travaillé dans au moins trois pays différents avant de rentrer en Irlande. De plus en plus d'étudiants irlandais travaillent en Amérique, au Japon, en France et en Allemagne ainsi qu'en Angleterre. Le temps nous dira si les forces d'assimilation qui ont contenu et absorbé les influences extérieures apporteront un ton régional à leur travail en Irlande. J'espère personnellement qu'ils auront une compréhension suffisante de notre patrimoine pour équilibrer le processus de l'homogénéisation et de la pratique à un niveau global.

Les jeunes architectes irlandais connaissent de plus en plus de réussites dans les concours internationaux. Un groupe de jeunes architectes d'une vingtaine d'années, d-Compass, a remporté un concours d'idée pour le plan directeur d'urbanisme des Docks de Yokohoma. *La Tour des Vents* de Michael Hussey et Kevin Woods a récemment remporté un concours organisé par *Japan Architecture*. Alors que nous approchons la fin du siècle, une jeune équipe d'architectes de Dublin, dont Gráinne Hassett et Vincent Ducatez (une irlandais, un français) a remporté un concours consistant à interpréter l'horloge du compte à rebours située devant le Centre Pompidou à Paris dans le contexte de Dublin. Bien que l'on pourrait critiquer le manque d'originalité du dossier de concours, il semble que tant l'assimilation que le fantôme de James Joyce aient influencé le résultat final. L'horloge gagnante compte à rebours les secondes dans la rivière Liffey. James Joyce avait nommé la rivière Anna Livia. Les premières lignes de *Finnegans Wake*, décrivant le cours des eaux de la Liffey qui aujourd'hui submergent quotidiennement l'horloge, résument bien ceci:

> Le cours de l'eau, au delà d'Adam et Eve, du large de la berge à la courbe de la baie, nous ramène du commodius vicus de la recirculation à Howth Castle et ses environs.

Peut-être Bernard Tschumi a-t-il raison!

Une autre métaphore de l'Irlande post-millénaire est la maison en tourbe de Paul Leech située au bord du monde occidental. Les maisons en tourbe représentaient à une

leader of the team of young architects who designed Dublin Airport) was appointed as Professor of Architecture at University College Dublin in the 1950s. His term ended with the so called Gentle Revolution, which was a mild and characteristically Irish version of the global student revolts of the late 1960s and early 1970s.

Both schools of architecture established clearer directions, with a particular focus on contextual analysis. UCD, in particular, came under the influence of a vibrant generation of young teachers and architects from England, Scotland and elsewhere. Likewise, the school in Bolton Street developed exchange programmes with colleges abroad, particularly in South America and France. Architectural students and their teachers have played a considerable role in heightening the debate about architecture in Ireland.

In the late 60s and early 70s, students occupied important historical buildings threatened with demolition. There was also a significant student element involved in the Wood Quay debate, which can be seen as a major milestone in modern Irish environmental consciousness. In retrospect, the debate was as much about a rapidly urbanised society beginning to place a new value on its visual and environmental culture as it was about the decision to build new civic offices on the site. The saga is too long and complex to be developed in this essay. However, the final resolution of the saga, as represented in Scott Tallon Walker's competition-winning entry for the completion of the complex (initiated in the 1960s with a competition which was won by the Stephenson Gibney Partnership), forms part of this catalogue. In turn, this saga links Viking Dublin to Abercrombie's vision of 1922.

Desmond Fitzgerald was succeeded at UCD by Professor Cathal O'Neill, who has recently retired. O'Neill proved to be an outstanding educator who managed to transcend his predilections for modern classicism and his Miesian influences. Like Peter Doyle, Ronnie Tallon and Robin Walker, he had also studied with Mies van der Rohe at IIT. O'Neill encouraged the new generation of young architects to become involved in teaching, and promoted a greater community involvement by the University. Indeed it could be said that the debate about the renewal of Dublin's quays began with pioneering study renewal by students of the School of Architecture at UCD in the 1980s. Some members of that generation went on to form one of the most cohesive forces in the younger generation of Irish architects, Group 91. Their polemical explorations have also included the study of new urban forms, as expressed in their project *Making a Modern Street*, and the winning framework plan for Temple Bar. Professor James Horan recently succeeded Professor Jack O'Keefe, who oversaw the evolution of the Dublin Institute of Technology School of Architecture from the 1960s until very recently. Both schools are continuing to have an involvement in contextual and site-specific projects in Ireland. Both are now increasingly part of a pan-European and, indeed, international educational curriculum.

In my direct experience, a typical young Irish graduate of today will, in all likelihood, have worked in at least three different countries before returning to Ireland. Increasingly, Irish students have found employment in America, Japan, France and Germany, as well as England. Time will tell whether forces of assimilation which have contained and subsumed outside influences will give a regional flavour to their endeavours in Ireland. I, for one, hope that an understanding of our heritage will act as a counter-balance to the process of global homogenisation and fashion.

Young Irish architects have increasingly been successful in international competitions. A conceptual masterplan for the urban design of Yokohama's Docks was won by d-Compass, a group of architects in their twenties. Michael Hussey and Kevin Woods' *Tower of the Winds* recently won an international competition run by *Japan Architect*. As we approach the millennium, in Dublin a young team of architects comprising Gráinne Hassett and Vincent Ducatez, (one Irish and one French) won a competition to interpret the millennium countdown clock outside the Pompidou Centre in Paris in the context of Dublin. While one could rightly criticise the lack of originality of the competition brief, it would seem that both the assimilation and the ghost of James Joyce influenced the outcome. The competition-winning millennium clock is counting Ireland down to the new millennium in the River Liffey. James Joyce anointed the river Anna Livia. The opening lines of *Finnegans Wake*, in describing the course of the Liffey, now daily running over the millennium clock, say it all.

Riverrun, past Eve and Adam's, from swerve of shore to bend of bay, brings us by commodius vicus of recirculation back to Howth Castle and Environs.

Maybe Bernard Tschumi is correct!

Another metaphor for pre-millennium Ireland must be Paul Leech's peat or turf ecohouse, sited on the edge of the western world. Peat houses at one point in Ireland represented the humblest possible form of habitation. This very personal vision of a sustainable architecture says a great deal about how Ireland has changed. It is to be a weekend retreat for a Dublin professional.

époque le type le plus humble possible d'habitation en Irlande. Cette conception très personnelle d'une architecture durable en dit long sur la manière dont l'Irlande a changé. Il s'agit de la maison de vacances d'un cadre supérieur de Dublin.

VERS L'AVENIR

Ce voyage s'est fait sans aucune référence à l'Irlande du Nord. La division de l'île en 1922 lui a donné deux directions différentes alors qu'il y avait auparavant beaucoup d'échanges. Comme l'a fait remarquer Seán Rothery. l'Etat Libre irlandais a cherché à se donner, à travers son programme de constructions publique, une image moderne et internationale. Par opposition, les Bâtiments du Parlement d'Irlande du Nord, à Stormont (1927-32) invoquaient le classicisme monumental, avec les bâtiments situés au bout d'une route axiale imposante. Ceci représentait, aux yeux de nombreux nationalistes, le symbole iconographique d'un 'parlement protestant pour un peuple protestant'. Les deux états devinrent des pôles tribaux pendant la plupart de ce siècle. Des bâtiments tels que la Cathédrale de Galway (1960) ont du avoir un impact tout aussi intimidant sur les Unionistes en tant qu'expression du Rome Rule (gouvernement de Rome).

Une anecdote architecturale plus ancienne peut avoir un sens pour l'avenir: une réplique exacte d'un élément architectural irlandais par excellence, la tour ronde, fut érigée à l'embouchure du port de Larne en Irlande du Nord en mémoire du député James Charne en 1895. Elle fut

> érigée par la contribution de toutes les classes de cette communauté diverse, quelque soit leur parti ou croyance, tous unis cordialement dans l'estime et l'affection de la mémoire.

J'ai été frappé par une référence de Declan Kiberd (*Inventer l'Irlande*) et de l'architecte et critique hollandais Rem Koolhaas à l'auteur irlando-américain F Scott Fitzgerald, qui faisait remarquer que 'le signe d'un grand esprit est sa capacité d'avoir des idées opposées, tout en conservant la capacité de fonctionner.' Je ne peux concevoir meilleure manière de faire de l'architecture de bonne qualité. Je ne peux non plus concevoir meilleure définition du défi politique et culturel qui se pose à l'île d'Irlande.

SEÁN O'LAOIRE, 1996

La Tour des Vents, lauréat du concours, Japon Architect, 1992
Architectes: M Hussey et K Woods

Ce dessin illustre la vision d'une tour de communications pour le XXIe siècle, thème d'un concours international, dont l'objet était de tenter de définir un langage architecturale pour un réseau global de communications.

The Tower of theWinds, competition winner, Japan Architect, 1992
Architects: M Hussey and K Woods

This drawing illustrates a vision for a communications tower for the 21st century, which was the subject of a world-wide competition to respond to a brief attempting to establish an architectural language for a global communications network.

TOWARDS THE FUTURE

This voyage was progressed without any reference to developments in Northern Ireland. The partition of this island in 1922 set it on two separate courses, where there was once greater interchange. As Seán Rothery has pointed out, the Irish Free State sought a modern and international image in its public building programme. In contrast, the parliament buildings for Northern Ireland at Stormont (1927-32) invoked monumental classicism, with the buildings located at the terminus of an intimidating axial approach road. This was, to most nationalists, the iconographic embodiment of 'a Protestant parliament for Protestant people'. The two states became tribal poles for most of this century. Buildings such as the gargantuan Galway Cathedral (1960) must have had an equally intimidating impact on Unionists as an expression of southern 'Rome Rule'.

An earlier, more egalitarian architectural anecdote may have some relevance for the future: an accurate replica of a quintessential piece of Irish architecture, the round tower, was erected at the mouth of Larne harbour in Co Antrim to commemorate James Charne MP in 1895. It was

> erected by contribution of every class in this mixed community, irrespective of creed or party, all cordially united in esteem and affection for the memory.

I was struck by a reference by both Declan Kiberd (*Inventing Ireland*) and the Dutch architect and critic, Rem Koolhaos, to the Irish-American author F Scott Fitzgerald, who noted that 'the mark of a first-rate mind is its ability to hold opposed ideas, while yet retaining the capacity to function.' I cannot think of a better précis of the process of making good architecture. Neither can I think of a better definition of the political and cultural challenge facing the island of Ireland.

SEÁN O'LAOIRE, 1996

Crédits photographiques

PHOTOGRAPHIC ACKNOWLEDGEMENTS

Anderson & McMeekin, Belfast – 46
ARC, Dublin – 79
Ashe Studios, Dublin – 50
Birr Castle Scientific & Heritage
    Foundation – 131
de Burgh Galwey, London – 51
CHDDA, Dublin – 137, 144
Peter Cook, London – 156
Crawford Municipal Gallery of Art, Cork
    – 147
Davison & Associates – 39t, 43
John Donat, London – 56
Gandon Archive, Kinsale
    – 28, 31, 47, 49, 50, 51, 53, 56, 70,
    72, 73, 77, 79, 89, 97, 106, 124, 162,
    163, 166
Christopher Hill, Belfast – 82
James Howley, *The Follies and Garden
    Buildings of Ireland* (Yale, 1993) – 133
Irish Architectural Archive, Dublin
    – 36, 37, 38, 39t, 39b, 41, 43, 124,
    129, 139, 150, 162, 163
Tim Kovar, Dublin – 115

Barry Mason, Dublin – 47
Carmel McCormack – 100, 101
Niall McCullough, *A Lost Tradition*
    (Gandon Editions, 1987) – 28
Murphy O'Connor Architects, Cork – 153
Murray O'Laoire Associates,
    Dublin/Limerick – 128, 149
National Library of Ireland, Dublin – 138
Office of Public Works, Dublin
    – 25, 26, 31, 32, 33, 40, 42, 44, 45,
    60, 63, 81, 84, 85, 150
Michael O'Reilly – 94
Shane O'Toole, Dublin – 109
Ove Arup & Partners, London – 159
Agnes Pataux, Paris – front cover, 118
PDI, Dublin – 54, 76
RIAI Murray Collection, Dublin – 129
Seán Rothery, *Ireland and the New
    Architecture* (Lilliput, 1991) – 151
Albert Rothschild, New York – 49
James Scanlon, Cork – 124
School of Architecture Library, UCD,
    Dublin – 157t

John Searle, Dublin
    – 70, 77, 79, 87, 89, 95, 97, 98, 104,
    107, 111, 115, 163
Shannon Development Photo Library
    – 2, 123
Henk Snoek, London – 52, 53, 57
Temple Bar Properties, Dublin
    – back cover, 77, 110

all other photos supplied by the
architects or the RIAI

Index

INDEX OF ARCHITECTS AND BUILDINGS